„Nur eine Gruppe,

die ihrer eigenen Endlichkeit

zugestimmt hat,

ist dialogfähig.

Die Grundgefahr religiöser Systeme ist,

dass sie sich

nicht endlich denken können."

Fulbert Steffensky

Josef Ising

NICHTS

MUSS BEIM ALTEN BLEIBEN

UPDATES

FÜR

GLÄUBIGE

UND

UNGLÄUBIGE

© 2020 Josef Ising

Verlag & Druck: tredition GmbH, Halenreie 40-44, 22359 Hamburg

ISBN: 978-3-347-11575-0

Bibliografische Information der Deutschen Nationalbibliothek: Die Deutsche Nationalbibliothek verzeichnet diese Publikation in der Deutschen Nationalbibliografie; detaillierte bibliografische Daten sind im Internet über http://dnb.dnb.de abrufbar.

INHALT

Ein Einstieg

straßenkicker

von
den
kirchen
oft
misstrauisch
beäugt
diese
straßenkicker
des
glaubens
unterwegs
mit
der
formel
gott ja
kirche nein
religiöser
breitensport
sozusagen
ohne
vereinszugehörigkeit
beitragszahlung
anlagennutzung
aber
dennoch
sinnhaft
unterwegs

Vorwort

Straßenkicker und Naturtalente gibt es viele. Auch dort sind sie anzutreffen, wo es um entscheidende Menschheitsfragen geht. Selbst grundlegende Entscheidungen werden manchmal auf diese spontane Art gefällt, auch Glaubensentscheidungen. Das muss manchmal so sein. Erich Fromm spricht von einem natürlichen religiösen Bedürfnis, das jeder hat. So gesehen scheinen alle Menschen gleich zu sein, nicht nur an Würde, auch an Grundfragen und Grundbedürfnissen. Überlieferte Sinnmodelle und Antworten auf diese Fragen werden in Weltanschauungen und Religionen bewahrt und tradiert. Dort sind sie aber nicht selten in vergangenen Denk- und Sprachformen dogmatisch erstarrt. Veränderungen werden oft unter Berufung auf göttliche Autorität ausgeschlossen und so wirken diese Angebote auf viele Menschen zunehmend eher befremdend als ansprechend.

Die folgenden Überlegungen verstehen sich als Impulse zu einem ergebnisoffenen Austausch über Auffassungen, Inhalte und Fragen aus solchem tradierten Glaubensumfeld. Sie greifen Themen auf, die bei Menschen zu Missverständnissen, Verärgerung und Ablehnung von Glaube, Religion oder Kirchen führen. Die Auslöser dafür sind sehr unterschiedlich.

Persönliche negative Erfahrungen, das Missverständnis biblischer Texte oder fragwürdige Gottesvorstellungen können dabei eine Rolle spielen. Für Außenstehende kaum nachvollziehbare theologische Streitereien und Argumentationen, etwa bei Fragen der Sexualmoral oder der Geschlechterrolle, tragen vielleicht auch ihren Teil dazu bei. Die religiöse Sprache, die Symbole, die Kultformen sind für viele Menschen unverständlich geworden. Sie wirken befremdend. Ein Blick auf eine oft umstrittene Kirchengeschichte und der häufig praktizierte Umgang mit

Macht und Gewalt mag zusätzlich bewirken, zu Religion und Kirche auf Distanz zu gehen.
.

Bei Auseinandersetzungen mit diesen Themen kann es zwischen Glaubenden, Zweifelnden und Ablehnenden auch zu einem alle bereichernden Austausch über die unterschiedlichen Standpunkte kommen. Das setzt allerdings die Bereitschaft voraus, die eigene Überzeugung auch zu hinterfragen und nicht absolut zu setzen. Die hier angebotenen Denkanstöße sollen dazu einladen. Die Literaturhinweise können Interessierten auf- zeigen, wo sie Vertiefendes oder Ausführlicheres zu den Aus- führungen finden können. Zwischen den einzelnen thematischen Erörterungen sind lyrische Texte eingefügt als Einladung zum Pausieren und zu einer anderen Form des Nachdenkens.

Leben bedeutet nie Stillstand sondern Bewegung, Veränderung, Unterwegs-Sein, Suchen, Finden, Verlieren und Erreichen. In einer Aussage des bekannten Theologen Karl Rahner kann sich das widerspiegeln: „Der, der ich bin, grüßt trauernd den, der ich sein möchte."

Dankbar bin ich meiner Frau, Irmgard, für ihre Anregungen beim Erstellen der Texte, ihr kritisches Nachfragen und ihre aufmerksamen Korrekturen.

Josef Ising

Vom Glauben der Ungläubigen

Grundfragen

„Anscheinend kommt es vor, dass wir nicht wirklich wissen, ob wir glauben - wir glauben es höchstens. Das lässt sich aber auch umkehren: Wer nicht zu glauben meint, weiß das vielleicht gar nicht, sondern glaubt, nicht zu glauben.
Sie ahnen – es geht hier nicht um ein Spiel mit Worten, sondern darum, einen Ausgangspunkt zu finden, der beiden Standpunkten – dem des Glaubens wie dem des Unglaubens – einigermaßen gerecht wird. Die Frage nach der Würde des Unglaubens kann nur dialogisch verstanden werden." [1]

Trifft das hier Gesagte zu? Wie steht es um die selbstverständliche, verbreitete und oft unversöhnlich anmutende Gegenüberstellung von Glaube und Unglaube? Sollte man die so bezeichneten *Gläubigen* und *Ungläubigen* einmal unter anderem Aspekt betrachten? Genau das soll bei den jetzt folgenden Überlegungen geschehen.

„Du sollst nicht mit der Tür ins Haus fallen", fordert ein Sprichwort. „Die Wahrheit sollte sein wie ein Mantel, den du dem anderen hinhältst, damit er hineinschlüpfen kann, wenn er dazu bereit ist. Und sie ihm nicht wie einen nassen Lappen um die Ohren schlagen", empfiehlt der Aphorismus, der Voltaire zugeschrieben wird. Trotzdem soll hier unvermittelt die These in den Raum gestellt werden: *Wenn es um Antworten auf grundlegende Lebensfragen geht, gibt es nur Antworten von Gläubigen.* Selbst Antworten derjenigen, die sich selbst als

---

1 Peter Nickl, Würde des Unglaubens - oder: Sind Heiden die besseren Christen?, in : B. Dorst. C. Neuen. W. Teichert (HG.). Würde, Eine Psychologische und soziale Herausforderung, Düsseldorf 2009, S. 238.

Agnostiker oder Ungläubige bezeichnen, formulieren in Wirklichkeit dabei immer nur eine Art von Glaubensbekenntnis. Ihre Aussagen sind Bekenntnisse. Das soll im Folgenden aufgezeigt werden.

Um die Beantwortung solcher Fragen geht es: Hat das Leben einen Sinn? Ist mit dem Tod für den Menschen alles aus? Gibt es noch eine andere Wirklichkeit als die uns derzeit zugängliche? Haben der unermessliche Kosmos und damit auch der Mensch ihren Ursprung in einem Schöpfungsakt? Gibt es einmal eine ausgleichende Gerechtigkeit für das himmelschreiende und oft ungesühnte Unrecht, das auf der Welt geschieht? Diese Liste ließe sich fortsetzen.

Standpunkte

Der französische Medizin-Nobelpreisträger Jacques Monod lieferte zu einer der oben genannten Fragen diese Antwort. „Das Leben ist auf der Erde erschienen; wie groß war vor dem Ereignis die Wahrscheinlichkeit dafür, dass es eintreffen würde? Aufgrund der gegenwärtigen Struktur der belebten Natur ist die Hypothese nicht ausgeschlossen - es ist im Gegenteil wahrscheinlich, dass das entscheidende Ereignis sich nur ein einziges Mal abgespielt hat. Das würde bedeuten, dass die a priori-Wahrscheinlichkeit dieses Ereignisses fast null war." [2]
Dem steht aber entgegen: „Wir möchten, dass wir notwendig sind, dass unsere Existenz unvermeidbar und seit allen Zeiten beschlossen ist. Alle Religionen, fast alle Philosophien und zum Teil sogar die Wissenschaft zeugen von der

---

2 Jacques Monod: Zufall und Notwendigkeit Philosophische Fragen der modernen Biologie, München. Deutscher Taschenbuchverlag, 1975, S. 128.

unermüdlichen, heroischen Anstrengung der Menschheit, verzweifelt ihre eigene Zufälligkeit zu verleugnen." [3]
Monod selbst hingegen ist überzeugt, dass Menschen nichts anderes als ein Produkt des Zufalls sind. Daher fordert er, wenn der Mensch „diese Botschaft in ihrer vollen Bedeutung aufnimmt, dann muss der Mensch endlich aus seinem tausendjährigen Traum erwachen und seine totale Verlassenheit, seine radikale Fremdheit erkennen. Er weiß nun, dass er seinen Platz wie ein Zigeuner am Rande des Universums hat, das für seine Musik taub ist und gleichgültig gegen seine Hoffnungen, Leiden oder Verbrechen." [4]

Das klingt alles durchdacht und begründet. Was Monod aber sagt, ist weder bewiesen noch beweisbar. Seine Aussagen beruhen vielmehr auf einer Entscheidung, die er auf der Basis seiner Überlegungen gefällt hat. Sie sind ihrer Art nach eine Glaubensentscheidung mit dem Bekenntnis: Der Mensch ist ein Zufallsprodukt. Das ist für ihn persönlich überzeugend, aber deshalb nicht zwingend für alle.

Es gibt sehr viele anders lautenden Glaubensantworten auf diese Frage nach der Entstehung der Welt und des Lebens. Zu der bekanntesten gehört wohl das Schöpfungslied, ein Hymnus mit sieben Strophen, das am Anfang der Bibel steht. Es ist vermutlich im sechsten Jahrhundert v. Chr. in Priesterkreisen entstanden und beginnt: „Im Anfang schuf Gott Himmel und Erde" (Gen 1,1). Die sechste Strophe schließt mit den Worten: „Gott sah alles an, was er gemacht hatte: Es war sehr gut. Es wurde Abend und es wurde Morgen: der sechste Tag" (Gen 1,31). In der siebten Strophe lassen die Priester, im Hinblick auf das für sie bestehende Gebot der Sabbatruhe, dann auch Gott selbst von

---

3 Monod, a. a. O. S. 54.
4 Monod, a. a. O. S. 151.

seinen Werken ausruhen und diesen Tag von ihm segnen und heiligen.

Zwei völlig unterschiedliche Antworten aus verschiedenen Zeiten und Perspektiven auf dieselbe Frage nach den Anfängen. Beide Antworten sind ihrer Art nach Glaubensbekenntnisse. Die Gültigkeit beider Aussagen entzieht sich zwingender naturwissenschaftlicher Nachweisbarkeit, auf die sich Menschen heute oft ausschließlich verlassen möchten.

Bei Antwortversuchen auf solche Grundfragen erscheint die Differenzierung zwischen Gläubigen und Ungläubigen ebenso unzutreffend wie unsinnig. Zumal diese verbreitete Unterscheidung für viele Menschen irrtümlich auch eine unterschiedliche Wertigkeit der gegebenen Antworten vortäuscht. Dieser Einschätzung kann man häufig begegnen, sie ist verbreitet. Da heißt es dann: Die Einen wissen, die Anderen glauben nur. Solche Fehleinschätzung verkennt völlig, dass es sich bei diesen Antworten um gleichwertige Aussagen handelt, lediglich aus unterschiedlichen Perspektiven.

Wer sollte denn abschließend darüber urteilen können, welche der Antworten auf die Frage nach einem möglichen Leben nach dem Tod berechtigter und richtiger sind als andere? Von welchem Standpunkt aus sollte das geschehen? Solche Antworten entziehen sich zwingender Beweisbarkeit. Sie provozieren aus diesem Grund immer die Entscheidungsfreiheit. Selbst wenn sich jemand dazu entschließt, die Antwort auf eine solche Frage lieber offen zu lassen und sich nicht festlegen will, fällt er damit eine Entscheidung. In gewisser Weise trifft hier zu, was Jean Paul Sartre formuliert hat: „Frei sein heißt zum Freisein verurteilt sein."

Religiöses Grundbedürfnis

Es ist eine Tatsache, dass alle Menschen unausweichlich solchen Grundfragen begegnen in ihrem Leben. In irgendeiner Weise müssen sie dazu Stellung beziehen. „Der Mensch mag sein Orientierungssystem als ein religiöses ansehen, das sich von demjenigen im weltlichen Bereich unterscheidet, oder er mag glauben, er habe keine Religion, und seine Hingabe an gewisse, angeblich säkulare Ziele wie Macht, Geld oder Erfolg, für nichts weiter halten als eine Angelegenheit von etwas Nützlichem und Praktischem. Die Frage lautet nicht: ob Religion oder ob nicht, sondern – welche Art von Religion?" [5]

Es ist wohl wirklich so, dass niemand sich mit seinem Lebensentwurf sozusagen im freien Fall befinden möchte, sondern dafür eine Art Aufhänger benötigt, von dem für ihn buchstäblich alles abhängt. Jeder Mensch benötigt eine Grundüberzeugung, ein Letztes, auf das er setzen kann. „Unter normalen Lebensumständen denken wohl die meisten Menschen nicht viel darüber nach, worauf das ihr Leben tragende Vertrauen eigentlich gründet. Oft wird man dessen erst inne, wenn der Halt unseres Vertrauens erschüttert und damit die Lebensfähigkeit selbst gefährdet ist." [6]

In Krisensituationen, wenn die Selbstverständlichkeit der Lebensabläufe unterbrochen werden und die alltägliche Weltsicht zusammenbricht, tritt dieses Grundlegende oft hervor. Das Bedürfnis nach Halt bricht plötzlich auf. Das ist scher mit ein Grund dafür, dass Menschen in ihrer Fassungslosigkeit dann – obwohl völlig ungewohnt – spontan Gebete formulieren, Gotteshäuser aufsuchen, Kerzen aufstellen als kleine Lichtpunkte im plötzlichen Orientierungsdunkel der Existenz. In

---

5 Erich Fromm 1950a, GA VI, S. 243f.
6 Wolfhart Pannenberg, Das Glaubensbekenntnis ausgelegt und verantwortet vor den Fragen der Gegenwart, Hamburg 1972, S. 12.

Krisensituationen greifen viele Menschen gerne dankbar zu den Bild-, Symbol- und Verhaltensangeboten der sonst vielleicht von ihnen verschmähten traditionellen Sinninstitutionen.

„Worauf setzen wir letztlich unser Vertrauen? Woran hängt letzten Endes unser Herz? Das ist die äußerste Frage, der ein Mensch begegnen kann. «Das Glauben und Vertrauen des Herzens macht beide, Gott und Abgott»: Dieser Satz aus der Erklärung zum ersten Gebot gehört zu den unverwelkten Worten Luthers. Dabei kann das, woran unser Herz wirklich hängt, sehr verschieden sein von dem, wovon wir vorgeben oder meinen, es sei uns das Höchste. Es hängt nicht nur von unseren bewussten Entscheidungen ab, wo wir vertrauen und wo nicht. Darum bleibt die Antwort auf die Frage, wem letztlich unser unbedingtes Vertrauen gehört, uns und anderen verhüllt. Und dennoch wissen wir nur in dem Maße von uns selbst, in dem wir bewusst in der Entschiedenheit des unser Leben im ganzen tragenden Vertrauens stehen.
Die Offenheit und Unbestimmtheit der das Leben tragenden Zuversicht muss bewusst angeeignet und mit Entschiedenheit übernommen werden, wenn wir in der Vielzahl sich wandelnder Lebenssituationen eine Identität gewinnen, wir selbst sein wollen. [...]
Glaube kann also nicht ohne Gegenstand sein. Im Akt des Vertrauens verlässt der Mensch ganz wörtlich sich selbst und macht sich fest in der Sache oder Person, auf die er baut. Er wird damit abhängig von der Verlässlichkeit dessen, dem er sich anvertraut."[7]

---

7 Pannenberg, a. a. O. S. 12f.

Glaube und Freiheit

Hiermit stehen dann anders geartete Sicherheitsfragen im Raum, als die für Viele meist maßgeblichen Alltagsgewissheiten und Absicherungen, die fast ausschließlich allein im Bereich des Nachprüfbaren, Berechenbaren, Beweisbaren beheimatet sind. Für diese Sicherheit steht als Standard-Bekenntnis der verbreitete Standpunkt: „Ich glaube nur, was bewiesen ist." Auf dem Hintergrund der vorangegangenen Überlegungen erscheint diese Aussage abwegig und ergibt keinen Sinn mehr. Es liegt ja auf der Hand, dass man gar nicht glauben kann, was naturwissenschaftlich als bewiesen gilt. Dass eine Schwerkraft existiert, die Erde sich um die Sonne bewegt, muss vernünftigerweise akzeptiert werden. Andernfalls wäre jemand auch nicht etwa *ungläubig*, sondern schlicht *unvernünftig*. Naturwissenschaftlich erwiesene Tatsachen können nie mögliche Glaubensinhalte sein, weil sie die menschliche Freiheitsentscheidung ausschließen.

Das verhält sich beim Glauben völlig anders. Glauben implizieren immer Offenheit, provoziert immer auch Freiheit, lässt Entscheidungsspielraum. Die Freiheit gehört zum Glauben wesentlich dazu. Sowohl die Einstellung, nur das zu glauben, was bewiesen ist, als auch jeder Versuch, jemandem einen Glauben aufzuzwingen, sind daher abwegig.

Glauben und Wissen

Der schon angesprochenen Auffassung, „Glauben heißt: Nicht wissen", liegt die Vorstellung zugrunde, es handle sich bei Glauben und Wissen um Wahrnehmungsperspektiven, die sich gegenseitig ausschließen. Dabei ist das gar nicht möglich. Beide können sich aufgrund ihrer völlig unterschiedlichen Zugangsweise zur Wirklichkeit nicht gegenseitig widerlegen. So ist die naturwissenschaftliche Methode sozusagen gezwungenermaßen gottlos. Ein mögliches göttliches Objekt kann sie methodisch gar nicht erfassen, daher auch keine Aussage darüber machen. Denn es entzieht sich jeder experimentellen Überprüfbarkeit.

Andererseits kann der Glaube auch keine naturwissenschaftlichen Aussagen tätigen. Wohin solche in der Geschichte praktizierte Fehleinschätzung führt, ist beispielhaft an der langen Ablehnung des heliozentrischen Weltbildes durch die damaligen Theologen und die Kirche abzulesen. Beide Perspektiven, Naturwissenschaften und Glaube, stehen neben- aber nicht gegeneinander. Beide haben ihre Berechtigung und ihren Wert. Sie können sich gegebenenfalls sogar gegenseitig ergänzen. Die Sicherheiten, die sie bieten, sind aber unterschiedlicher Art.

Man sich der Liebe eines Menschen gewiss sein, aber eben nicht mit einer naturwissenschaftlich nachweisbaren Sicherheit. „Beweise mir deine Liebe!", ist eine fragwürdige Forderung. Wie sollte das gehen? Wer geliebt wird, muss darauf vertrauen, dass die erfahrene Zuwendung wahr ist. Einem naturwissenschaftlichen Zugriff ist jedes Liebesbekenntnis entzogen. „Glauben heißt: Nicht wissen". Eine anscheinend unausrottbare Fehleinschätzung. Sie wird auch durch ihre große Verbreitung und fortlaufende Wiederholung nicht richtiger.

Wenn eingesehen wird, dass bei Antworten auf menschliche Grundfragen eine Rivalität zwischen Glauben und Wissen, Gläubigen und Ungläubigen gar nicht besteht, könnte sich das positiv auf das manchmal leider vergiftete Klima bei Auseinandersetzungen über solche Fragen auswirken. Gleichberechtigte Partner auf Augenhöhe würden sich dann begegnen, weil sie sich als Andersgläubige verstünden und nicht mehr als sich bekämpfende Rivalen. Der Graben zwischen Wissenden und Glaubenden wäre überbrückt. Mitunter noch beobachtbare gegenseitige Abwertungen würden endlich der Vergangenheit

20

angehören. Gott-Gläubige, Gottes-Leugner, Christen, Atheisten verstünden sich als *„Glaubensgeschwister"*, die Antworten auf menschliche Grundfragen suchen.

Wahrheitsansprüche

Ein solches Verständnis von umfassender, übergreifenden Geschwisterlichkeit könnte sich auf manchen Umgang zwischen denen, die sich explizit als Gläubige bezeichnen, Konfessionen und Religion, ebenfalls förderlich auswirken. Auch zwischen diesen Partnern kann der Eindruck entstehen, dass bei einigen unausrottbar und irrtümlich, immer noch die Überzeugung vorhanden ist, allein im Besitz einer allgemein gültigen Wahrheit zu sein. Die aus vergangener Zeit stammenden Titulierungen von *Ungläubigen* und *Heiden* und die damit oft verbundene Abwertung und Verurteilung, etwa im Koran oder in der Bibel, sind offensichtlich nicht nur in den alten Texten, sondern auch in den Köpfen mancher Gläubigen und offizieller Glaubensvertreter noch vorhanden.

Hanna Arendt hat im Rahmen ihrer Totalitarismustheorie auf den Punkt gebracht, worum es bei solchen Einstellungen geht, nämlich um „das alleinige Bedeutungsmonopol, das von keiner noch so überzeugenden Realität angefochten wird." Damit werde dann „ gegenüber der ungeliebten Wirklichkeit eine Art fiktiver Weltersatz geschaffen" [8]. Die leider zu beobachtende Standpunktaufrüstung mancher Orthodoxen in unterschiedlichsten religiösen und politischen Lagern scheint das zu bestätigen. Bei diesen Rechtgläubigen in unterschiedlichsten Bereichen ist manchmal eine Unversöhnlichkeit zu beobachten, die wenig Hoffnung macht, dass kurzfristig mit einer mentalen Abrüstung und intellektuellen Aufklärung bei solchen Menschen zu rechnen ist.

---

8 www.gabor steingart.com/newsletter-morning-briefing/demokratie-traegt-trauer/

Der gegenwärtig zunehmend um sich greifende Fundamentalismus in manchen Religionen und bei politischen und gesellschaftlichen Gruppierungen lässt eher das Gegenteil befürchten. Die Versuchung, die eigene Perspektive und Überzeugung als die einzig richtige und wahre einzufordern, hat immer noch Konjunktur. Aber das gilt nicht nur für das gesellschaftliche und weltanschauliche Umfeld, es hat gewiss auch im alltäglichen und persönlichen Leben seinen Platz. Der Tatsache. dass jedes Erkennen immer von der jeweiligen Methode und Perspektive mitbestimmt, ist, sind sich viele Menschen nicht bewusst. Dieser Umstand gehört offensichtlich verbreitet noch nicht zum Grundbestand des Allgemeinwissens.

Perspektiven

Ein einfaches Beispiel kann die Bedeutung von Perspektiven beim Erkennen veranschaulichen. Ein zylindrisches Trinkglas soll dazu herhalten. Es ist ein Glaszylinder, der, senkrecht von oben betrachtet, immer als Kreisfläche erscheint. So wie man auch den Mond als Kreis sieht. Von der Seite betrachtet, sieht man von diesem Glaszylinder ebenfalls nur eine Fläche, ein Rechteck. Beide Sichtweisen entsprechen aber nicht der Realität. Der Grundsatz: „Ich glaube nur, was ich sehe!" erweist sich hier, wie oft auch an anderer Stelle, als eine schlechte Basis. Durch einen Perspektivenwechsel kann die optische Täuschung in diesem Fall schnell behoben werden und man erkennt den Körper statt der Flächen.

In anderen Situationen aber kann ein Standpunkt- oder Perspektivenwechsel verunsichernd und sogar bedrohlich wirken. Er bedeutet ja unter Umständen einen schmerzhaften Abschied von Einstellungen und Überzeugungen, die nicht nur gewohnt waren, sondern auch bedeutsam. Solcher Perspektivenwechsel fällt nicht leicht, er kann Schmerzen bereiten, Krisen auslösen,

Leben grundlegend verändern, auch wenn sich das sich am Ende als heilsam erweisen sollte. Perspektivenwechsel kann zur Folge haben, dass falsche Geltungsansprüche entlarvt, Missverständnisse aufgedeckt, Fehleinschätzungen behoben werden. Dadurch kann manche unnötige Schärfe aus einer Auseinandersetzung genommen werden und eine Beziehung plötzlich in einem ganz anderen Licht erscheinen. So kann Bereitschaft zum Perspektivenwechsel zur Sachlichkeit, Versöhnung und einer Kultur der Behutsamkeit und Toleranz beitragen.

Wertequadrat

Verständigung kann nicht allein durch das Aufeinandertreffen unterschiedlicher Perspektiven erschwert werden. Oft kommen damit einhergehende Wertungen hinzu. Nicht das oben erwähnte Trinkglas gibt vor, ob es halb voll oder halb leer ist. Darüber befindet allein der Betrachter. Beim Werten spielen unbewusste Abläufe und Voreinstellungen eine Rolle. Dazu hat Fredemann Schulz von Thun in seinen *Ausführungen zur Psychologie der Kommunikation* Interessantes aufgezeigt. Er veranschaulicht ein für gelingende Kommunikation hilfreiches Denk- und Werteschema an einem Werte- und Entwicklungsquadrat.

Sein Ausgangspunkt dabei ist folgender: Es „kann jeder Wert (jede Tugend, jedes Leitprinzip, jedes Persönlichkeitsmerkmal) nur dann zu einer konstruktiven Wirkung gelangen, wenn er sich in ausgehaltener Spannung zu einem positiven Gegenwert, einer «Schwestertugend» befindet. [...] ohne diese ausgehaltene Spannung (Balance) verkommt ein Wert zu seiner «Entartungsform»." Was zunächst etwas abstrakt klingt wird an seinem Beispiel sehr schnell deutlich. "Sparsamkeit verkommt ohne ihren positiven Gegenwert Großzügigkeit zum Geiz, umgekehrt verkommt auch Großzügigkeit ohne Sparsamkeit zur Verschwendung." [9]

Dieses einfache Beispiel kann rasch aufzeigen, warum in alltäglichen Auseinandersetzungen eine Übereinkunft oft so schwierig wird. Es scheint die Neigung zu bestehen, den anderen Standpunkt vorschnell eben nicht als möglichen positiven Gegenwert zur eigenen Position zu sehen, sondern ihn sofort auf seine negative Überspitzung hin festzulegen. Da wird für den Großzügigen der Sparsame sofort zum Geizhals. Umgekehrt erscheint für den Sparsamen der Großzügige nur als Verschwender. Wer hier einmal andere Werte einsetzt, dem fallen unter Umständen sofort zahlreiche Situationen aus alltäglichen Konflikten ein.

Dieses Urteilsspiel ist täglich im Privatleben ebenso zu beobachten wie in Nachrichten oder politischen und weltanschaulichen Auseinandersetzungen. Besonders ist das der Fall, wenn es um sogenanntes *Grundsätzliches* geht. Dann ist häufig die Rede von den Konservativen, die ausschließlich an alten Zöpfen festhalten und den Progressiven, die immer alles einfach über den Haufen werfen wollen. Ein typisches Beispiel für Überspitzungen, die in zahlreichen Auseinandersetzungen und Diskussionen zu beobachten sind.

Mit Hilfe der Einsichten des Wertequadrates kann die mitunter schroffe Gegenüberstellung in der Beurteilung von reformierten Gottesdiensten und Liturgien römischer oder orthodoxer Kirchen einmal in einem anderen Licht betrachtet werden. Sind

---

9 Fredemann Schulz von Thun, Miteinander reden 2, Stile, Werte und Persönlichkeitsentwicklung, Differentielle Psychologe der Kommunikation, Reinbek 1989, S. 38ff.

die einen wirklich nur als karg, nüchtern und wortlastig anzusehen und dem gegenüber die anderen vorwiegend als überladen, ausschweifend und theatralisch zu betrachten?

Was würde aus der Gegenüberstellung von den häufig so bezeichneten Hardlinern und Weicheiern beim Umgang mit Konflikten, wenn die Hinweise des Wertequadrates berücksichtigt würden? Zahlreichen Auseinandersetzungen im Umgang mit einer Pandemie beispielsweise bieten für solches Verhalten reichhaltiges Anschauungsmaterial.

Für die vielen unterschiedlichen Positionen und Überzeugungen von Katholiken, Protestanten, Christen, Muslimen, Naturwissenschaftlern, Gläubigen, Atheisten, Rechten, Linken, Konservativen, Progressiven und anderen, die manchmal wenig verständnisvoll miteinander umgehen, könnte unter Einbeziehung der Bedeutung von Perspektivenwechsel und der Hinweise des Wertequadrates eine Neubesinnung erfolgen. Das Anerkennen der Relativität des eigenen Standpunktes und die Möglichkeit einer positiven Vermutung gegenüber Sichtweisen und Einstellungen Andersdenkender könnte leichter fallen und selbstverständlicher werden.

Zusätzlich muss einer völlig inakzeptablen Respektlosigkeit, menschenverachtenden Grobheit und verbal und real praktizierten Gewalt, die mit erschreckender Schamlosigkeit und zunehmender Selbstverständlichkeit in der Gesellschaft und in der virtuellen Welt um sich zu greift, verstärkter und verbreiteter, als es oft geschieht, eine solidarische Lebensgestaltung entgegengesetzt werden, die sich an Menschenwürde und Menschenrechten orientiert.

Dialogfähigkeit und Toleranz

Das setzt eine kultivierte Dialogfähigkeit voraus, die auch vom Bewusstsein der Grundeinstellung der eigenen Endlichkeit bestimmt ist. „Wir sind nicht alles, wir sind endlich als Christen, als Jüdinnen, als Muslime und als Buddhistinnen. Wir sind nicht alles, aber wir sind lebendiger Teil von allem und wir sind wahrheitsfähig. Aus dieser Gewissheit müsste man eines können: streiten! [...] Der Dialog soll jedem zu seiner geläuterten Eigentümlichkeit verhelfen. Ökumene heißt ja nicht nur, dass ich geduldet bin mit meiner Wahrheit, sondern dass ich nicht im Stich gelassen werde von der Wahrheit der anderen. Ich bin Fragment, ich weiß etwas, aber ich weiß nicht alles. So brauche ich die Korrektur und die Ergänzung durch die Wahrheit der anderen." [10] Eine Botschaft voller Weisheit, Offenheit und Demut, die hier angeboten wird.

Es würde in diesem Rahmen zu weit führen, noch Überlegungen darüber anzustellen, was in einer Auseinandersetzung zwischen Ideen, Religionen, Weltanschauungen als akzeptierbar, tolerierbar oder nicht mehr tolerierbar anzusehen wäre. Dazu hat sich Michael Schmidt-Salomon geäußert, der hier noch kurz zu Wort kommen soll. Er vertritt den Standpunkt, dass „ein *fruchtbarer Widerstreit der Ideen* nur unter der Voraussetzung möglich ist, dass es unterschiedliche Meinungen gibt, die sich gegenseitig *nicht akzeptieren,* sondern allenfalls *tolerieren.* [...] Dass irgendjemand irgendetwas als *Beleidigung* empfindet, kann in einer offenen Gesellschaft, für sich genommen, kein vernünftiges Gegenargument sein, denn *Beleidigungen sind nun einmal der Preis der Toleranz.* [...] Wer nicht in der Lage ist, diese Last zu ertragen, beweist damit nur, dass ihm das für die offene Gesellschaft erforderliche Maß an Toleranz fehlt.

---

10 Fulbert Steffensky, Wo der Glauben wohnen kann, Stuttgart 2008, S. 105.

Aus diesem Grund wäre es ein verhängnisvoller Fehler, würde die Politik der immer wieder erhobenen Forderung nachgeben, *verletzbaren »religiösen Gefühlen«* mit größerem Respekt zu begegnen. Diese Forderung untergräbt nämlich wie kaum eine andere die Grundlagen einer offenen Streitkultur. Sie verhindert nicht nur den freien Austausch der Argumente und reduziert die Chancen, alternative Sichtweisen kennenzulernen, sondern nimmt tragischerweise gerade jenen Kräften, die sich besonders schwer damit tun, andere Auffassungen zu ertragen, eine wunderbare Gelegenheit, sich in Toleranz zu üben. Wem also ernsthaft daran gelegen ist, die Tugend der Toleranz zu stärken, der sollte religionskritische Satiren nicht verbieten, sondern sie aktiv fördern." [11]

Das spricht deutlich an, dass toleranter Umgang miteinander mit Herausforderungen verbunden sein kann.

Die zunehmend globalisierte und miteinander vernetzte Welt benötigt verstärkt eine Kultur, die man in der protestantischen Kirche gerne als *versöhnte Gemeinsamkeit in der Verschiedenheit* bezeichnet. Das bezieht sich zunächst auf den Umgang der Konfessionen miteinander. Aber darüber hinaus könnte es auch als Modell dienen für den generellen Umgang zwischen den vielen unterschiedlichen und konkurrierenden Interessen, Kulturen, Mächten und Religionen weltweit.

---

11 Michael Schmidt-Salomon, Die Spielregeln des zivilisierten Widerstreits. Eine kurze Geschichte der Toleranz, in: Denkanstöße 2018, Ein Lesebuch aus Philosophie, Kultur und Wissenschaft, München 2017, S. 80f; vgl. auch Michael Schmidt-Salomon: »Respekt? Wovor denn?« (https://www.zeit.de/gesellschaft/zeitgeschehen/2012-09/religion-ideologie-respekt).

Es ist nicht zu erwarten, dass eine global gleichgeschaltete Gesellschaft mit Uniformität im Verhalten, Denken und Glauben eine gelingende und humane Zukunft anbahnen kann. Deshalb gilt es mit allen Kräften darauf hinzuwirken, dass sich weltweit eine solche versöhnte und respektierende Gemeinsamkeit in den vielen bestehenden Verschiedenheiten anbahnen kann und durchsetzt; auch im sicher nicht immer aufzulösenden Spannungsfeld von Nicht-Akzeptanz und Toleranz.

„Toleranz ist der Verdacht, der andere könnte Recht haben", weiß ein verbreitetes sogenanntes Kuckuckszitat, weil sich seine Herkunft nicht eindeutig feststellen lässt. Ein Verdacht, der in manchen Situationen sicher einmal hilfreich sein kann.

judasliturgieen

unsterblicher
judaskuss
umgestaltet
in
verlogenheitsannäherungen
händedrucksszenarien
eingebettet
in
unechten
bruderküssen
umarmungsriten
alltäglichen
berührungsstandards
inhaltsleeren
zwangsritualen
auf dem begegnungsmarkt
vielfältig
ausgeformt
kulturverbrämt
mitunter
alles
variationen
einer
judasliturgie

osterhoffen

wenig
wissen wir
letztlich
von
den
fühlgedanken
die
uns
gegenseitig
tragen
wenn wir
liebe wagen
unermüdlich
und
manchmal
leidend
in
täglichen versuchen
wie
osterhoffend
getragen
von
einem
dem
rettung
geschenkt
wurde
als
erstem
wie
erzählt wird

jenseitskonkurrenten

erlösungsnirwana
ausstieg
aus
lebenszwangkreisen
oder
eintauchen
in
ewige
seelenlandschaften
oder
nachgerichtliche
wiedersehensfeiern
in
auferstehungsgefielden
so
viele
jenseitshoffnungen
zwischen
ruhe
und
unruhe
verwehen
vergelten
versöhnen

Gott muss nicht allmächtig sein

Gottesbilder

Manchmal können Texte mit Wucht treffen und aufrütteln. Das Gedicht des evangelischen schweizer Pfarrers und Schriftstellers Kurt Marti kann so wirken.

weihnacht

damals
als Gott
im schrei der geburt
die gottesbilder zerschlug
und
zwischen marias schenkeln
runzelig rot
das Kind lag [12]

Gott zerschlug die Gottesbilder. Was für ein Gedanke. Wäre das notwendig? Das bekannte zweite Gebot im Buch Exodus (2.Mos 20,4) fordert ausdrücklich ein Bilderverbot. „Du sollst Dir kein Bild machen"! In den Weltreligionen geht man unterschiedlich um mit der bildlichen Darstellung Gottes. Doch selbst die Religionen, die ganz darauf verzichten, kommen in ihrer Vorstellung nicht ohne Gottesbilder aus. Das zeigen die Eigenschaften, die sie ihrem Gott zuordnen. Kein Sprechen von Gott ist vorstellungsfrei. Das ist nicht möglich. „Gedanken ohne Inhalt sind leer", hat Imanuel Kant dieses Problem unserer

---

12 Kurt Marti, geduld und revolte. gedichte am rand, Stuttgart 1984, S. 8.

Erkenntnis einmal beschrieben. Deshalb finden sich in der mehr als ein Jahrtausend umfassenden biblischen Textsammlung, trotz des Bilderverbotes eine Fülle von Gottesbildern, die sich im Verlauf der Zeit auch verändert haben.

Manche Gottesbilder hielten und setzten sich durch in diesem Wandel, besonders, wenn sie eingebettet waren in religiöse Praxis, Riten, Lieder, Gebete oder ein Glaubensbekenntnis. Solche Einbettung verlieh Bedeutung und Stabilität.

„Wir glauben an den einen Gott, den Vater, den Allmächtigen, der alles geschaffen hat, Himmel und Erde, die sichtbare und die unsichtbare Welt," heißt es im christlichen Glaubensbekenntnis von Nizäa-Konstantinopel. Das sind Formulierungen, die im 4. Jahrhundert n. Chr. festgeschrieben wurden und seit dieser Zeit unverändert weiter tradiert werden. Seitdem sind die in diesem einleitenden Satz des Glaubensbekenntnisses enthaltenen Vorstellungen und das damit verbundene Gottesbild im christlichen Glaubensbewusstsein fest verankert bis in die Gegenwart.

Kritische Anfragen

Besonders seit der einbrechenden Neuzeit zeigen sich aber auch Probleme, die sich aus den mit diesem Bekenntnis verbundenen Vorstellungen ergeben.

Wie passt die Vorstellung einer Schöpfung von Kosmos und Mensch zusammen mit den Theorien von Urknall und Evolution? Wie lässt sich das Reden von einem allmächtigen und guten Gott vereinbaren mit den unzähligen Leiderfahrungen und Katastrophen auf der Erde?

Verträgt sich die Vater-Bezeichnung und die damit verbundene maskuline Gottesvorstellung noch mit einem emanzipatorischen Geschlechterverständnis in weiten Teilen der Welt?

Denn „gerade angesichts des religionsgeschichtlichen Befundes wird auch schon die *Problematik der Anwendung des Vaternamens* auf Gott sichtbar, worauf im Zeitalter der

Frauenemanzipation zu Recht neu aufmerksam gemacht wird. Ist es denn so selbstverständlich, dass die geschlechtliche Differenzierung auf Gott übertragen wird? Wird nicht hier Gott nach dem Bild des Menschen, ja genauer des Mannes erschaffen? (...) Die Vaterbezeichnung wird nur dann nicht missverstanden, wenn sie nicht im Gegensatz zu »Mutter« sondern symbolisch (analog) verstanden wird: »Vater«« als patriarchales Symbol – mit auch matriarchalen Zügen – für eine trans-humane, transsexuelle letzte Wirklichkeit. Der eine Gott darf heute weniger denn je nur durch den Raster des Männlich-Väterlichen gesehen werden, wie dies eine allzu männliche Theologie tat." [13]

Deshalb wurden und werden tradierte Gottesvorstellungen hinterfragt und auch veränderte Sprechweisen von Gott sind mittlerweile gebräuchlich. Statt ausschließlich vom Vater-Gott, wird heute manchmal auch von einem mütterlich-väterlichen Gott gesprochen und der Heilige Geist wird zur Geist-Kraft umbenannt. Auch das Schöpfungsverständnis hat sich gewandelt. Nicht mehr von einem direkten Einwirken Gottes beim Entstehen des Lebens und des Menschen geht man überwiegend aus, sondern sieht Gott eher als letzte, begründende Ursache hinter all den Prozessen und Abläufen in der Entwicklung des Universums.

Selbstverständliche Allmacht

Weniger berührt von diesem Wandel scheint dagegen die Vorstellung vom Allmächtigen zu sein. Stephen Hawking beispielsweise greift bei seinen Überlegungen zur Geschichte der Zeit ganz selbstverständlich diese Vorstellung auf. „ Manche Menschen [...] halten die Frage nach der Anfangssituation für eine Angelegenheit der Metaphysik oder Religion. Sie würden vorbringen, Gott in seiner Allmacht hätte die Welt in jeder von

---

13 Hans Küng, Jesus, München, ²2012, S. 200f.

ihm gewünschten Weise beginnen lassen können. Aber anscheinend hat er sich für eine sehr regelmäßige Entwicklung des Universums, für eine Entwicklung in Übereinstimmung mit bestimmten Gesetzen entschieden." [14] Und an anderer Stelle: „Diese Gesetze mögen ursprünglich von Gott gefügt worden sein, doch anscheinend hat er ihnen seither die Entwicklung des Universums überlassen und sich selbst aller Eingriffe enthalten. Aber was für einen Zustand und was für eine Anordnung hat er ursprünglich für das Universum gewählt? Welche »Grenzbedingungen« lagen am Anfang der Zeit vor?

Eine mögliche Antwort wäre, dass Gott den Anfangszustand des Universums aus Gründen gewählt hat, die zu begreifen wir nicht hoffen können. Das wäre einem allmächtigen Wesen natürlich möglich gewesen." [15]

Das Allmachts-Verständnis scheint unauslöschlich mit Gott verbunden zu sein, trotz mancher damit verknüpften erheblichen Probleme. Vor allem der Widerspruch zwischen der Vorstellung von einem allmächtigen und zugleich guten Gott und dem unübersehbaren Leid in der Welt erscheint als unauflösbar. Zahlreiche Philosophen und Theologen haben sich an einer Lösung dieser Problematik, die als Theodizee-Problematik bezeichnet wird, schon versucht. Die in Notsituationen häufig gestellte Frage: „Wie kann Gott so etwas zulassen?" spiegelt ebenfalls diese Unvereinbarkeit wider.

Gott und das Leid

Eine beispielhafte Anfrage an das Allmachts-Verständnis aus der Gegenwart findet sich in folgendem Zeitungskommentar: „Angesichts der Bilder von Kirchenräumen voller Särge, um die sich keine Gemeinde mehr scharen darf, um den geliebten

---

14 Stephen Hawking, Eine kurze Geschichte der Zeit, Reinbek bei Hamburg, [22]2018, S. 23.
15 Hawking, a. a. O. S. 159f.

Menschen das letzte Geleit zu geben, steht jedes biblische Deutungsangebot unter dem Vorbehalt der Bagatellisierung. Mehr noch: Die Gottesrede selbst stößt an die Grenzen des Gefühls wie des Verstandes. Und das wohl nicht nur im Christentum.

Auch Moschee- und Synagogengemeinden erleben Auflösungserscheinungen gemeinsam erlebter Religiosität, für die die Überlieferung mutmaßlich keine Sinnhorizonte bereithält. So dürfte es auch zu den Fragen dieser Tage gehören, ob und wie die Pandemie womöglich die Transzendenzvorstellungen der Menschheit verändert. Für Antworten ist es aber viel zu früh." [16]

In seiner Abhandlung „Gottesverständnis nach Auschwitz" ringt auch Hans Küng mit diesem Problem als einem *bleibenden Rätsel*. „ Wie konnte Gott in Auschwitz sein, ohne Auschwitz zu verhindern? [...] Weder die Hebräische Bibel noch das Neue Testament erklären uns, wie der gute, gerechte und mächtige Gott [...] in dieser seiner Welt solch unermeßliches Leid [...] hat geschehen lassen können, wie er »ansehen« konnte, dass Auschwitz möglich gemacht wurde, und »zusehen« konnte, wie das Gas ausströmte und die Verbrennungsöfen brannten." [17] An der Vorstellung von einem allmächtigen Gott will Küng aber festhalten, denn „ein aller Allmacht beraubter Gott hört auf, Gott zu sein, und die Vorstellung, dass Gott statt gütig und gerecht grausam und willkürlich wäre ist erst recht unerträglich. [...] Besser schiene mir an diesem äußersten Punkt, bei dieser schwierigsten Frage, eine *Theologie des Schweigens*. »Würde ich Ihn kennen, so wäre ich ER«, ist ein altes jüdisches Wort. Und manche jüdischen Theologen, die angesichts allen Leids auf eine letzte Rechtfertigung Gottes lieber verzichten, zitieren nur das lapidare Schriftwort, welches auf den Bericht vom Tod

---

16 Ein Kommentar von Daniel Deckers, Frankfurter Allgemeine Zeitung, FAZNET, 22. 03. 2020

17 Hans Küng, Denkwege, Ein Lesebuch herausgegeben von Karl-Josef Kuschel, , München 1992, S. 191.

der beiden durch Gottes Feuer getöteten Söhne Aarons folgt:
»Und Aaron schwieg.«" [18]

Auf zwei in meinen Augen besondere Denkansätze in dieser Auseinandersetzung soll jetzt noch etwas näher eingegangen werden.

Eine jüdische Stimme

Im Jahr 1984 bedankte sich Hans Jonas für eine Preisverleihung der Evangelisch-theologischen Fakultät der Universität Tübingen mit einem Vortrag zum Thema „Der Gottesbegriff nach Auschwitz - Eine jüdische Stimme." Darin äußerte er unter anderem:

„Nach Auschwitz können wir mit größerer Entschiedenheit als je zuvor behaupten, dass eine allmächtige Gottheit entweder nicht allgütig oder (…) total unverständlich wäre. Wenn aber Gott auf gewisse Weise und in gewissem Grade verstehbar sein soll (…) , dann muss sein Gutsein vereinbar sein mit der Existenz des Übels, und das ist es nur, wenn er nicht allmächtig ist. (…)
Durch die Jahre des Auschwitz-Wütens schwieg Gott. (…) Und da sage ich nun: nicht weil er nicht wollte, sondern weil er nicht konnte, griff er nicht ein." Und Hans Jonas erklärt das mit der „*Selbstbeschränkung*" Gottes. „Die Schöpfung war der Akt der absoluten Souveränität, mit dem sie um des Daseins selbstbestimmender Endlichkeit willen einwilligte, nicht länger absolut zu sein – ein Akt also der göttlichen Selbstentäußerung." [19]

Das sind bedenkenswerte Überlegungen zur Lösung der Allmachtsproblematik. Aber helfen solche Gedanken Gläubigen

---

18 Küng, a. a. O. S. 192f.
19 Hans Jonas, Der Gottesbegriff nach Auschwitz, Suhrkamp Tb 1516, [1]1987, S. 39 ff und 45.

letztlich weiter und können sie von Leid Betroffenen auch Trost vermitteln? Führen die Reflexionen vielleicht auch zu einem neuen Glaubensbekenntnis? „Ich glaube an Gott, den Vater, den Allmächtigen, der um der Freiheit des Daseins willen auf seine Macht verzichtet." Kann das tragen und überzeugen?

Ein biblischer Befund

Einen zweiten Ansatz, diesmal eines katholischen Theologen, möchte ich noch vorstellen. Es ist inzwischen nicht mehr nur in protestantischer Theologie kein Tabu mehr, auch Jahrhunderte lang tradierte Formulierungen und Glaubensaussagen auf ihre Richtigkeit hin zu hinterfragen. Hier konkret die Frage: Woher stammt denn überhaupt diese Allmachtsvorstellung, die das genannte Glaubensbekenntnis formuliert? Ist der in den biblischen Texten bezeugte Gott überhaupt ein „Allmächtiger"? Welche Konsequenzen ergäben sich eigentlich, wenn die Vorstellung von einem allmächtigen Gott aufgegeben werden könnte oder sogar müsste?

Für Manche könnte bei solch kritischen Anfragen sofort die Befürchtung aufkommen, dass durch die Aufgabe dieses Gottesbildes auch die Existenz Gottes selbst in Zweifel gezogen würde. Aber diese Bedenken kann man leicht zerstreuen. „Wenn jemand an seinen hölzernen Gott zu glauben aufhört, so heißt das nicht, dass es keinen Gott gibt, sondern nur, dass er nicht aus Holz ist." So soll Leo Tolstoi einmal formuliert haben. Das wäre auch der Fall, wenn man aufhören würde, an einen allmächtigen Gott zu glauben.

Deshalb ist interessant, was der katholische Theologe Meinrad Limbeck zu der Frage der biblischen Fundierung der Allmacht Gottes schreibt: „Die Antwort, die die Bibel uns hier gibt, ist so überraschend, und sie weicht so sehr von unseren eigenen Vorstellungen ab, dass man sie zunächst kaum zu glauben wagt. [...]

Es klingt tatsächlich unglaubhaft - und doch ist es so: Das Alte und das Neue Testament kennen den uns geläufigen Begriff »der allmächtige Gott« nicht! Die uns geläufige Wendung »Deus omnipotens« läßt sich in die Sprache der Bibel nicht rückübersetzen. Für die Menschen in Israel und in der Jüngerschar Jesu war der Begriff »der allmächtige Gott« offensichtlich weder naheliegend noch geeignet, wenn sie aufgrund ihrer Gemeinschaft mit Gott sagen wollten, wer und wie Gott ist. [...] Hier könnten sich allerdings bei dem einen oder anderen Zweifel einstellen, da er in seiner Bibel ... Stellen findet, an denen Gott nun doch »der Allmächtige« genannt wird. Dafür gibt es jedoch eine einfache Erklärung: In der hebräischen Bibel finden wir überall dort, wo wir in unserer Übersetzung auf das Wort »der Allmächtige« stoßen, einen sehr alten Gottesnamen - (ei) schaddaj dessen ursprüngliche Bedeutung in Israel schon sehr früh nicht mehr verstanden wurde (und auch wir können ihn heute nicht mehr wirklich erklären!). Deshalb suchten diejenigen, die die hebräische Bibel in die griechische Sprache übersetzten, nach einem neuen Wort für den alten Gottesnamen - und sie wählten dafür jenen Begriff, dem wir dann auch in der Geheimen Offenbarung (1,8; 4,8; 11,17 u.ö.) begegnen: pantokrator. Pantokrator aber bezeichnet immer noch nicht den »Allmächtigen«, sondern den »Allerhalter«. Erst als die griechische Bibel ins Lateinische übersetzt wurde, wurde aus dem pantokrator der omnipotens, d. h. der Allmächtige. Das heißt: die Bezeichnung »der Allmächtige« für Gott stammt nicht aus der Gedanken- und Sprachwelt der Bibel, sondern aus der Welt des Heidentums! (...) Wenn wir uns also von der Heiligen Schrift sagen lassen, worin denn Gottes Macht besteht, dann hören wir etwa folgendes: »Gottes Macht besteht nicht darin, dass er alles tun könnte, wenn er nur wollte, sondern seine Macht besteht in seiner unzerstörbaren, allen feindlichen Mächten überlegenen Treue und Zuneigung zu uns, seinen Geschöpfen. Kraft dieser Macht kann Gott uns immer wieder neues Leben schaffen und schenken. Gottes Macht ist seine Liebe!« [...]

Weil Gottes Macht seine Liebe ist, kann er sich nicht lieblos und mit Gewalt gegen den Menschen durchsetzen. Deshalb kann er nicht jene zerstören, die heute noch andere trauern lassen, und deshalb kann er auch jene nicht aus der Welt schaffen, die Unrecht tun. Deshalb ist der mächtige Gott dort ohnmächtig, wo er auf Lieblosigkeit, auf Gewalt und Verweigerung stößt.

Wenn wir der Botschaft der Bibel trauen, bekennen wir, wenn wir Gott »den allmächtigen Vater, den Schöpfer des Himmels und der Erde« nennen: »Wir glauben an Gott, dessen Liebe mächtiger ist als alles in der Welt, aus dessen Liebe alles Geschaffene kommt und in der es auch erhalten wird. Deshalb glauben wir, dass das letzte Wort unserer Geschichte ein tröstliches Wort sein wird: zum Trost aller Trauernden, zur Beglückung aller Barmherzigen, zur Rechtfertigung aller, die um dieses Glaubens willen geschmäht und verfolgt werden.« [20]

Liebe statt Allmacht

Wenn das zutrifft, basierte der oft angeführte Widerspruch zwischen einem allmächtigen, lieben Gott und einer leidvollen Welt also gar nicht auf einer biblisch fundierten Gottesvorstellung. Was kann sich aus dieser Klarstellung ergeben?

Könnte erst ein von der Allmacht-Vorstellung befreites Gottesbild endlich das ursprünglich biblische Gottesverständnis wieder voll zur Geltung bringen? Nicht *Liebe und Allmacht*, sondern *Liebe statt Allmacht* sind das Kennzeichnende dieses biblischen Gottes und des Gottes des Jesus von Nazareth.

Ein auf der Grundlage dieses Gottesverständnisses formuliertes Glaubensbekenntnis könnte dann – unter Verzicht auf das Allmachts-Prädikat – so beginnen: „Ich glaube an Gott, den Schöpfer von allem und an seine unzerstörbare und treue Liebe zu jedem Menschen."

---

20 Stuttgarter Kleiner Kommentar, Neues Testament , Meinrad Limbeck, Matthäusevangelium, Stuttgart, 1986, S. 73ff.

Es ist bedeutsam und notwendig, dass der Glaube solche Erneuerungen und Aufbrüche wagt und erfährt, weil das starre Festhalten an Überliefertem und zeitbedingten Gottesbildern unter Umständen auch den Zugang zum ursprünglichen, biblischen Zeugnis verstellen kann. Die Reformation hat gezeigt, dass eine solche Neubesinnung auf die Ursprünge des Glaubens durchaus zu massiven Brüchen mit tradierten Praktiken und religiösen Vorstellungen führen kann. Martin Luther hat zu seiner Zeit, unter Berufung auf die Bibel, aber nichts Neues erfunden. Er hat vielmehr Ursprüngliches der biblischen Botschaft wieder erneut ins Bewusstsein gerückt, wenn er die zentrale Bedeutung des Glaubens herausstellte und daraus verwies, dass Gottes Liebe zum Menschen und seine Gnade bedingungslos, sozusagen gratis sind, und nicht an irgendwelche Vorleistungen geknüpft.

Der Verzicht auf das Allmachts-Prädikat beim Gottesbild zugunsten der Betonung der Radikalität und Unüberbietbarkeit von Gottes Liebe, läge also ganz auf der Linie dieses Akzentes, den Luther seinerzeit wieder herausgestellt hat. Das ist bedeutsam: Allein der Glaube, allein die Gnade und – im Hinblick auf Gott - *allein seine Liebe.*

leidsinn

die
rollen
scheinen
klar
verteilt
im
disput
zwischen
hiob
und
seinem
gott
aber
was
zählt
das
wenn
ein
sinn
von
leid
hinterfragt
wird
der
ist
keine
machtfrage

bildermacher

tonfiguren
holzschnitzereien
höhlenzeichnungen
skulpturen
ikonen
bilder
begriffe
namen
alles
vergebliche
zugriffsversuche
von
machern
selbstüberschätzend
vielleicht
vor
der
warnung
eines
sich
immer
entziehenden
ihr
sollt
euch
kein
bild
machen

hiobsklage

wenn
der
aufschrei
gegen
unausrottbare
leidwelten
weltbrände
hasswüsten
der
protest
gegen
sich
überbietende
unmenschlichkeiten
keine
andere
nische
mehr
findet
als
eine
gottanklage
dann
kommt
hiob
erneut
zu
wort

Klapperstorchgeschichten und Bibeltexte

Sprache und Realität

Wer Kindern die Ankunft eines Babys mit Geschichten vom Klapperstorch erklärt, wird solche Erzählungen irgendwann einmal aufklären müssen. Diese Art der Sexual-Aufklärung geschieht heute vermutlich auch seltener. Anders verhält es sich beim Reden vom Christkind, Weihnachtmann oder Osterhasen. Was da oft selbstverständlich erzählt wird, entspricht ja keineswegs der Realität. Aber solche Erzähl-Klapperstörche, wie ich sie bezeichnen möchte, werden irgendwann aufgeklärt. Die davon Betroffenen haben sich mitunter vorher schon selbst schlau gemacht, bevor das geschieht.

Bei anderer Gelegenheit entspricht ebenfalls nicht der Wirklichkeit, was Menschen so daherreden. Unsere Sprache enthält nämlich noch Relikte aus einem vergangenen Weltbild. So sprechen wird ganz selbstverständlich noch vom Sonnenuntergang. Dass das nicht der Fall ist, wissen wir und durchschauen unseren Sprachgebrauch. „Herrlich dieser Sonneneffekt, der durch die Erdrotation entsteht!" Wohl kaum jemand wird sich momentan sprachlich so weltbildkonform ausdrücken wollen.

Unsere Sprache spiegelt nicht ausschließlich nur den aktuellen Wissensstand wider. Sie kann mit einer Fülle von Ausdrucksmöglichkeiten darüber hinaus den ganzen Reichtum der Wirklichkeit anzielen. Bildworte, Gedichte, Bekenntnisse, Appelle, Sagen, Märchen sind nur ein kleiner Ausschnitt aus dem Reichtum der dafür möglichen sprachlicher Ausdrucksformen. Literatur und Poesie können diese Fülle darstellen. Aus diesem Grund kann in die Irre führen, wenn das, was gesagt wird oder aufgeschrieben ist, vordergründig ausschließlich wörtlich genommen wird.

Wörtlich nehmen

Der Forderung zum wörtlichen Verstehen kann man besonders häufig begegnen, wenn es um das Verständnis und die Auslegung von Bibeltexten oder anderen so verstandenen Heiligen Schriften geht. Dieses geforderte *Wörtlich-Nehmen*, man könnte es auch als ein *Kleben am Wort* bezeichnen, hängt zusammen mit der dahinter stehenden Auffassung, dass solche Texte den Verfassern zuzusagen von Gott selbst eingehaucht (inspiriert) wurden. Dem entspricht im Islam der Glaube, dass der Erzengel Gabriel selbst dem Propheten Mohammed die Offenbarung mitgeteilt hat. Auf solchem Verständnis vor allem basiert diese verbreitete Forderung. Aber dieses Schriftverständnis kann sehr in die Irre führen. „In der historisch-kritischen Exegese hat sich gezeigt, dass die Wahrheit der Schrift nicht nur nicht zerstört wird, sondern geradezu mit neuer Deutlichkeit und Leuchtkraft hervortritt, wenn man endlich aufhört, jeden Satz der Schrift, weil »inspiriert« , als unfehlbar wahr zu verteidigen." [21]

Auch in der Sprache des Glaubens kommt der ganze Reichtum sprachlicher Ausdrucksmöglichkeiten zur Geltung. Das kann dann dazu führen, dass falsch verstandene und dadurch missdeutete Texte der Bibel als *Glaubens-Klapperstörche* fungieren, wie ich das etwas augenzwinkernd bezeichnen möchte. Denn hier gilt ebenfalls, wenn das so Vorgetäuschte nicht aufgeklärt wird, führt es in einen Irrtum oder ein Missverständnis.
Hinzu kommt. dass in der umfangreichen Sammlung biblischer Schriften unterschiedlichste Sprachgattungen und -formen begegnen: Wundergeschichten, Erzählungen, Gebete, Briefe, Ge-

---

21 Hans Küng, Denkwege, Ein Lesebuch herausgegeben von Karl-Josef Kuschel, München 1992, S. 87

setzestexte, Prophetenworte und viele andere. Dieser Sprach-
vielfalt jeweils angemessen zu begegnen und sie gewissermaßen
zu entschlüsseln, um sie richtig zu verstehen, ist nicht immer
einfach.

Sprachvielfalt

Anschaulich und durchaus zum Schmunzeln hat Gerhard Lofink
die Problematik einmal an zwei sich gegenüberstehenden
Bildern veranschaulicht. ER und SIE telefonieren. SIE in einem
Bild sagt mit geschlossenen Augen und verliebtem Ausdruck in
den Hörer: „Ich liebe Dich." ER im anderen antwortet nüchtern:
„Ich nehme das zur Kenntnis." Gerhard Lohfink unterschreibt
die Szene: „ Ein Bekenntnis ist keine Information. Wer ein
Bekenntnis als Information quittiert, wird Unheil anrichten."
Und er führt weiter dazu aus: „Jemand sagt zu einem anderen
Menschen: «Ich liebe dich.» Welche Art von Sprechen liegt hier
vor? Falls es sich um reine Information handelt, wäre es
durchaus sinngemäß, dass der andere diese Information schlicht
zur Kenntnis nähme. Etwa mit der Bemerkung: «Gut! Ist in
Ordnung.»

Wie aber, wenn es sich der sprachlichen Grundintention nach gar
nicht um Information, sondern um ein Bekenntnis gehandelt
hätte – und zwar um ein Bekenntnis von höchster Dichte und
Intensität? Dann wäre das Quittieren mit «Gut! Ist in Ordnung»
eine furchtbare Antwort. Denn auf ein Bekenntnis kann man nur
antworten, indem man sich abwendet oder selbst ein Bekenntnis
ablegt. Die Einsicht in die Art menschlichen Sprechens ist bei
unserem Beispiel also von einer alles entscheidenden Bedeutung.
Dasselbe aber gilt im Grunde von jeder Form menschlicher Rede:
Was ist ihr Ziel? Was ihre Grundintention? Hier gelangt die
Beschreibung einer bestimmten Form oder Gattung zu ihrem
wichtigsten Punkt.

Aber sind das nicht alles bare Selbstverständlichkeiten? Wozu eigentlich Überlegungen dieser Art? Wer wird schon eine Form menschlichen Sprechens wie „Ich liebe dich" missverstehen? Man muss jedoch zurückfragen: Sind es wirklich Selbstverständlichkeiten? Wir sollten da nicht zu sicher sein. [...] In der Geschichte der Kirche entstand unendlich viel Verwirrung und unübersehbares Leid nur dadurch, dass man sich über die Grundintention bestimmter Gattungen und Formen keine Rechenschaft ablegte. Man hielt biblische Texte, die verkünden wollten, für Berichte. Man hielt neutestamentliche Texte, die ermahnen wollten, für Gesetze. Und man hielt kirchliche Texte, die bekennen wollten, für Informationen." [22]

Die von mir so bezeichneten Glaubens-Klapperstörche stellen aus diesem Grund daher nicht immer nur ein harmloses Problem dar. Welche Eindrücke und Vorstellungen entstehen beispielsweise, wenn man die Wundererzählung vom Wandeln Jesu auf dem See als Reportage, das siebenstrophige Schöpfungslied als Bericht über die Weltentstehung oder das Reden von der Jungfrauengeburt als ärztlichen Befund auffasst? Es steht leider fest, dass solche Vorstellungen immer noch verbreitet sind.

Wer biblische Texte in jedem Fall wörtlich nimmt, wie das manchmal geschieht und gefordert wird, hat aus den angeführten Gründen schlechte Karten, wenn er erfassen will, um was es in den Aussagen wirklich geht und wird diesen Texten auch nicht gerecht. Sie wollen *nicht wörtlich*, wohl aber *beim Wort* genommen werden. Letzteres bedeutet aber etwas anderes.

---

22   Gerhard Lohfink, Jetzt verstehe ich die Bibel, Stuttgart ²1974, S. 36f.

Dekodieren

Richtiges Entschlüsseln von Sprache praktiziert jeder meistens ganz selbstverständlich in alltäglichen Sprachsituationen. Wer am Telefon von Freunden hört, dass ihnen momentan „das Wasser bis zum Hals steht", wird nicht die Feuerwehr benachrichtigen. Er kann entschlüsseln, was damit gemeint ist. Lustig, sich – wörtlich genommen – vorzustellen, dass der Chef „in die Luft" geht wegen einer überraschenden Kündigung und sich beim Vernehmen dieser Nachricht „seine Züge versteinern". Wir verstehen aktuelle Sprache meistens unmittelbar richtig, obwohl auch da Missverständnisse nie völlig auszuschließen sind. Wenn aber kulturelle oder zeitliche Distanz mit der Sprache verbunden sind, ist solches unmittelbare Verstehen nicht mehr gegeben. Da bleiben sprachliche Aussagen häufig fremd und werden missdeutet.

Fundamentalistisches Bibelverständnis

Ein aktuelles Beispiel für einen solchen Glaubens-Klapperdstorch stellt der – besonders in den USA verbreitete – Kreationismus dar. Die Evangelischen Landeskirche in Württemberg beschreibt in einer Stellungnahme die Absichten des Kreationismus so: „Der Kreationismus hat zum Ziel, die Autorität der Bibel zu verteidigen. Sein Ausgangspunkt ist die Irrtumslosigkeit der Heiligen Schrift auch in Fragen der Natur-und Weltgeschichte, vor allem die naturkundliche Richtigkeit der biblischen Urgeschichte. (...) Hinter dem Kreationismus steht das protestantisch-fundamentalistische Verständnis der Heiligen Schrift, nach dem „die biblischen Texte über die Entstehung der Welt und des Lebens auf der Erde als naturwissenschaftliche Aussagen und gleichzeitig als unwiderlegbare göttliche

Offenbarung" zu gelten haben." [23] Diese Auffassung wird durchaus nicht nur von einer Minderheit vertreten.

„Als bedeutende Strömung trat der Kreationismus im frühen 20. Jahrhundert im Bereich des Evangelikalismus in den USA auf, wo er bis heute auch seine größte Verbreitung besitzt. In seiner strengsten Form postuliert er ein Erdalter von einigen Tausend Jahren und geht von der Existenz einer Sintflut aus, bei der die meisten Menschen und Tiere umgekommen seien. Ebenfalls kennzeichnend ist die Ablehnung der Evolutionstheorie. Anhänger findet der Kreationismus vor allem bei der religiösen Rechten. Diese befürwortet teilweise, seine Lehre zum Inhalt des Biologieunterrichts zu machen." [24]

Wer auf diese Weise den Hymnus von der Schöpfung am Beginn der Bibel als Bericht missversteht, landet weit weg von dem, was dieser Text aussagen möchte. Gott erschafft nicht in sieben Tagen einen Kosmos und den Menschen. Aber die priesterlichen Dichter dieses Hymnus wollen ihrer Gemeinde verkünden, dass hinter allem Geschaffenen allein Gott steht und keine anderen Gottheiten oder Mächte. Davon singt ihr Lied in sieben Strophen. Das ist die Botschaft. Wer da eine Reportage über die Weltschöpfung hineinliest, sitzt einem Glaubens-Klapperstorch auf.

Weitere Fehldeutungen

Solchen Fehldeutungen von Bibeltexten kann man häufig begegnen. Sie sind verbreitet, in Medien, in der Literatur, in Talkshows und auch immer noch in der Verkündigung im Verständnis der Gläubigen anzutreffen.

Nicht immer hat eine Fehldeutung von biblischen Texten so fundamentale Auswirkungen wie im Kreationismus. Harmloser

---

23 www.weltanschauungsbeauftragte.elk-wue.de/texte-und materialien / Stichwort: Kreationismus, S.1,2.

24 https://de.wikipedia.org/wiki/Kreationismus

ist der Glaubens-Klapperstorch der „Heiligen Drei Könige", der vor allem zur Weihnachtszeit begegnet. In den Evangelien ist von drei Königen keine Rede. Einer der vier Evangelisten, Matthäus, verarbeitet in seinen theologischen Erzählungen von der Geburt Jesu Motive aus bekannten Geburtslegenden über den Pharao. Er schreibt von Weisen aus dem Morgenland, die von einem Stern geleitet, nach einem Königskind zu suchen. Der durch ihre Anfrage verunsicherte König Herodes befiehlt daraufhin die Tötung neugeborener Knaben in Bethlehem. Aus dieser Geburtslegende formt später die Volksfrömmigkeit drei Könige, sogar mit zugehörigen Namen. Wer diese Legende als historischen Bericht missversteht, sitzt natürlich einem Glaubens-Klapperstorch auf. Das kann dann sogar dazu führen, dass nach Überresten für eine massenhafte Kindestötung in Betlehem geforscht wird oder Berechnungen über außergewöhnliche Sternenkonstellationen angestellt werden. Dass im Kölner Dom ein bekannter Schein mit den Gebeinen der Heiligen drei Könige verehrt wird, sei in diesem Zusammenhang auch noch am Rande erwähnt.

Glaubens-Klapperstörche können bedauerlicher Weise gravierende Auswirkungen haben. Problematisch beispielsweise wird es, wenn mit dem Verweis auf die Bibel und aufgrund falscher Textinterpretationen Gebietsansprüche im sogenannten *Heiligen Land* begründet werden, wenn man Frauen von Berufen ausschließt und gegenüber Männern abwertet oder bestimmte Formen sexueller Prägung von Menschen aus solchem Grund verurteilt werden.

Zu den ernsthaften Folgen von Missverstehen biblischer Aussagen zähle ich auch, dass sich deshalb Menschen vom Gauben abwenden oder erst gar keinen Zugang dazu finden. Das ist nachvollziehbar, wenn durch Fehldeutungen biblischer Texte der Eindruck entsteht, dass in der Bibel ohnehin nur Märchen-haftes und unglaubwürdige religiöse Phantasien begegnen. So wird die biblische Botschaft nicht selten pauschal abgelehnt oder im Erwachsenenalter als bedeutungslos abgetan. Den Kinderglauben ablegen nennen das manche. Dabei kommt in solchen Fällen gar nicht erst in den Blick, dass man vielleicht nur einem Glaubens-Klapperstorch aufgesessen ist.

Aufgeklärtes Textverständnis

Auf der anderen Seite gibt es in der Theologie bereits eine lange Tradition der Aufklärung im Umgang mit Bibeltexten. Schon in den siebziger Jahren des vergangenen Jahrhunderts erschien ein Buch mit dem bezeichnenden Titel „Wenn die Bibel recht hätte".
[25] Die Überschriften der Kapitel erregten damals Aufsehen, weckten aber auch Interesse:
„Wenn die Bibel recht hätte, … dann wäre Noahs Arche so lang gewesen wie der Kölner Dom, … wäre Lot´s Weib zur Salzsäule erstarrt, … hätte Abraham seinen Sohn schlachten sollen, … hätten die Wasser des Roten Meeres wie Mauern gestanden, … hätte David den Riesen Goliath erschlagen, … hätte Jona im Bauch des Fisches gesessen, … wären Weise aus dem Osten nach Jerusalem gezogen" [26] konnte man da lesen.

Die Ausführungen spielten meist an auf bekannte biblische Er-zählungen, die missverstanden verbreitet zu Glaubens-Klapper-störchen führen. Leider sind diese so oft missverstandenen Er-zählungen keinesfalls bedeutungslos. Die „Verwendung bildli-cher Sprache besagt auch nicht etwa, dass es dem Redenden dabei nicht um Wirklichkeit ginge. Vielmehr geht es ihm um

---

25 Ein immer noch und immer wieder lohnenswertes Werk: Wolfgang Hinker, Kurt Speidel, Wenn die Bibel recht hätte, Stuttgart 1970.
26 Hinker, Speidel, a. a. O., S. 5.

eine Wirklichkeit, die wegen ihrer Fremdartigkeit am ehesten noch durch bildliche Rede benannt werden kann." [27]

Die ursprüngliche Aussageabsicht solcher Texte wurde fachwissenschaftlich schon seit langer Zeit entschlüsselt. Die gefundenen Ergebnisse sind für alle zugänglich, zumal mit den heutigen Möglichkeiten des Internet. Trotzdem führt das Stichwort Jungfrauengeburt erstaunlicher Weise manchmal immer noch zu den abenteuerlichsten und abwegigsten Vorstellungen und Kommentaren. Der Theologe Wolfhart Pannenberg hat dazu bereits vor Jahrzehnten in seinen Abhandlungen über das Glaubensbekenntnis geschrieben, dass diese Redeweise lediglich „verstanden werden muß als anschauliche Ausmalung und Erklärung des Titels «Sohn Gottes». [...] Man hat es also bei der Jungfrauengeburt mit einer Legende zu tun. Das läßt sich in diesem Fall mit voller Sicherheit behaupten, weil der überlieferte Text selbst das Motiv der legendären Entstehung der Tradition so genau erkennen läßt." [28]

Auch Hans Küng spricht in seiner Erklärung des Glaubensbekenntnisses dazu Klartext: „ Der Topos Jungfrauengeburt wird denn auch nach Auffassung heutiger Exegese von den beiden Evangelisten als »ätiologische« Legende oder Sage benützt, welche im Nachhinein eine »Begründung« [...] für die Gottessohnschaft liefern soll." [29] Für das richtiges Textverständnis liegt also alles auf dem Tisch. Aber wem ist das bekannt?

---

27 Wolfhart Pannenberg, Das Glaubensbekenntnis ausgelegt und verantwortet vor den Fragen der Gegenwart, Hamburg 1972, S. 113.
28 Pannenberg, a. a. O. S. 80f.
29 Hans Küng, Credo, Das Apostolische Glaubensbekenntnis Zeitgenossen erklärt, München 1995, S. 63.

Eine Gegenreaktion auf die Aufklärungsansätze zum Bibelverständnis unter dem Motto: „Die Bibel hat doch recht", ließ seinerzeit nicht lange auf sich warten. Diese Gegenreaktion scheint bei manchen Menschen bis heute anzudauern. Dabei wird überhaupt nicht gesehen, dass es dem Inhalt und der Aussageabsicht der biblischen Texte überhaupt keinen Abbruch tut, wenn man sie nicht wörtlich nimmt. Das Gegenteil ist vielmehr der Fall.

Sinnverständnis

Martin Luther hat die Bibel in die deutsche Sprache übersetzt. Sie ist heute in die meisten Sprachen der Welt übertragen. Wer lesen kann, kann sich die Texte aneignen, sich davon betreffen und ansprechen lassen. Aber es bleibt eine wichtige Aufgabe, dass die Texte auch aufgeschlüsselt werden. Nicht Sprach-, sondern Sinn-Übersetzung scheint heute verstärkt angesagt.

Ein weiterer, wünschenswerter Aspekt beim Umgang mit der Bibel wird von dem evangelischen Theologen Fulbert Steffensky angesprochen. „ «In der Bibel steht ..., und also müssen wir es glauben und tun.» mag für geschlossene Gemeinden, die die Bibel fraglos als Gottes Wort verstehen, die Stelle eines Arguments annehmen. In der postchristlichen Situation ist dies kein Argument. Daraus, dass die Sätze und die Bilder der christlichen Tradition sich nicht mehr selbst begründen , ergibt sich eine vordringliche Aufgabe: Unsere Sprache muss ihren rezitativen Charakter verlieren. Sie muss aufgeschlüsselt werden. Es muss deutlich werden, dass die Geschichten der Tradition essbare Brote sind und dass diese Geschichten Lebensentwürfe enthalten, die schön und des Menschen würdig sind. Aufschlüsselung heißt also nicht zwanghafte und konkretistische Anwendung auf die Alltagssituation, sondern vor allem die Erklärung der Liebenswürdigkeit jener Geschichten. Hauptinteresse des Auslegers wäre es demnach nicht, zu erklären, dass eine Geschichte wahr ist, dass die von ihr verkündete Moral befolgt werden muss. Hauptinteresse ist, zu vermitteln, dass eine Geschichte schön ist, und dass sie unsere Würde und unsere Freiheit stärkt, wenn wir auf sie hören." [30]

In einer Welt, die medial in vorher nie dagewesener Weise ausgestattet und miteinander vernetzt ist, ist alltäglich die Gefahr der Desinformation erfahrbar, was mitunter sogar gezielt eingesetzt und ausgenutzt wird. Auch biblische Texte unterliegen der Gefahr solchen Missbrauchs. Sie werden besonders in fundamentalistischen Kreisen immer noch als Legitimation für Unterdrückung, Landbesetzung oder sogar Töten benutzt. Dass auf diese Weise immer noch Religion zum „*Opium für* das *Volk*", wie Wladimir Iljitsch Lenin das bezeichnete, verkommen kann, ist schwer abzustreiten.

Andererseits bietet die unüberschaubare Möglichkeit an Information und Aufklärung genügend Chancen, jeglicher Form von Manipulation oder »fake news«, wie das heute oft bezeichnet wird, auf die Spur zu kommen. Das verlangt allerdings Mündigkeit, Engagement und manchmal auch Zivilcourage. Besonders ist es nötig, anzuwenden, was bereits im Jahr 1784 Immanuel Kants zum Leitspruch der Aufklärung erklärt hat: „Habe Mut, dich deines eigenen Verstandes zu bedienen!"

Auch Glaube und Religion sind nicht nur Herzenssache. „Der Verstand ist der Träger des Glaubens", sagt eine alte jüdische Lebensweisheit.

---

30 Fulbert Steffensky, Wo der Glaube wohnen kann, Stuttgart 2008, S.129.

advente

vielfältiges
abwarten
schauen
was
kommt
wie
es
kommt
der
blick
bleibt
bis
zuletzt
nach
vorn
gerichtet
freudig
ängstlich
erwartungsvoll
hoffen
auf
etwas
oder
vielleicht
auch
auf
jemand

variationen

im
jaguar
oder
auf
einem
esel
die
zieleinläufe
begleiten
die
noch
immer
gleichen
gesänge
hoch soll er leben
raus mit ihm
gipfelglück
niederlage
beifall
pfeifkonzerte
aufstieg
abstieg
alles
nur
variationen
von
hosianna
und
kreuzige ihn

sonntag

nein
nicht
wochenende
sagen
christen
sonntags
ist
anfang
erster
wochentag
ostergedächnis
auferstehungstag
damit
hat
neues
angefangen
also
lebensanfanggedenken
auch
am
totensonntag

Blutiges im Christenglauben

Blutiges in Wort und Bild

Diesmal geht es nicht um Kreuzzüge, Inquisition, Hexenwahn, alles Themen, die sonst schnell genannt werden, wenn es um die leider oft blutige Geschichte des Christentums geht. Hier soll etwas Anderes in den Blick kommen.

„Mein Herze schwimmt im Blut, ich lege mich in diese Wunden". Was kommt jemandem in den Sinn, der solche Aussagen hört? Es handelt sich hierbei um den Texte der Kantate BWV 199 von Johann Sebastian Bach. Sie wird im Rahmen eines Gottesdienstes manchmal aufgeführt. Auch wer Bachs Musik schätzt, ist von den Texten der Kantate möglicherweise wenig erbaut, selbst wenn am Ende die Arie „Wie freudig ist mein Herz" versöhnlich das Werk beschließt. Mancher wird sich verwundert die Augen reiben, wenn er zusätzlich einmal genauer die Texte der Kirchenlieder untersucht. Da kann er lesen: „Christi Blut und Gerechtigkeit, das ist mein Schmuck und Ehrenkleid [...] Drum soll auch dieses Blut allein mein Trost und meine Hoffnung sein." [31] und „Ich will ans Kreuz mich schlagen mit dir und dem absagen, was meinem Fleisch gelüst´." [32]

Nicht jeder wird diesen Texten mit der gleichen humorvollen Gelassenheit begegnen können, die Fulbert Steffensky gegenüber der tradierten von ihm so bezeichneten *„Sprache der Toten"* zum Ausdruck bringt. „Die fremden Texte mit ihren fremden Horizonten und Bildern [...] : Ich bin Gast von Bildern. Ich muss ihre weltanschaulichen Horizonte nicht zu meinen machen. Ich

---

31 Evangelisches Gesangbuch, Ausgabe für die Evangelische Landeskirche in Baden, Stuttgart 2010, Nr. 350,1f
32 Evangelisches Gesangbuch, a. a. O. , Nr. 84,12

bin ihr leicht ironischer oder auch humorvoller Gast. Humorvoll: Ich glaube nicht alles, was sie sagen. [...] Humorvoll bin ich auch mir selbst gegenüber. Ich, der Mensch des 21. Jahrhunderts erlaube mir eine Sprache zu sprechen, erlaube mir Bilder zu gebrauchen, die nicht meine sind." [33] Ob er diese Einstellung nur für die von ihm angeführten Psalmen und Bibeltexte gelten lassen möchte oder auch auf die oben angeführten Texte anwenden würde, bleibt offen.

Die Opfervorstellung

Es stellt für manche Menschen heute ein Problem dar, dass in Bildern, Texten, Liedern und Riten der christlichen Frömmigkeit häufig diese Bezüge zum Blut und Opfer begegnen. Das ist auch in zahlreichen Geschichten und Texten der Bibel der Fall. Warum ist das so? Diese meist selbstverständlich hingenommene und unkommentierte Blutbezogenheit in Wort und Bild soll jetzt näher in den Blick genommen nehmen.

Das zentrale christliche Symbol, das *Kreuz*, hat einen tiefen Bezug zu Blut. Es verweist auf den gewaltsamen, blutigen Tod Jesu. Auch die überlieferten Deutungsworte vom *Leib und Blut* Jesu beim Abendmahl gehören in diesen Zusammenhang. Dazu merkt der Theologe Meinrad Limbeck in seinem lesenswerten Buch „Abschied von Opfertod" erstaunlicherweise an: „Nur, - wir begegnen in diesen Worten eben nicht Jesu eigenem Todesverständnis, sondern dem Glauben der ersten Christen". [34] Ein erster Hinweis darauf, dass eine Nachfrage bezüglich der Berechtigung blutbezogener Glaubensdeutungen und Sprachmuster angebracht sein könnte.

---

33 Fulbert Steffensky, Wo der Glaube wohnen kann, Stuttgart 2008, S. 89.
34 Meinrad Limbeck, Abschied vom Opfertod, Das Christentum neu denken, 2013, Ostfildern, S. 62.

Die Vorstellung vom Opfertod, von Jesus als dem „Lamm Gottes, das hinweg nimmt die Sünden der Welt", wie es im *Agnus Dei* der Liturgie heißt, ist allgemein verbreitet. Dazu haben im Lauf der Geschichte unzählige Maler, Bildhauer, Musiker, Dichter beigetragen, die dieses Motiv bearbeitet haben. Das war und ist nicht unproblematisch, weil diese Vorstellung sich auch auf das Gottesbild auswirken kann. „Jüdische Theologie protestiert zu Recht gegen ein sadistisch-grausames Gottesbild, demzufolge ein blutgieriger Gott nach dem Opfer seines Sohnes verlangte," [35] erwähnt Hans Küng bei seinen Überlegung zur Kreuzigung Jesu. Ist bei einer solchen Vorstellung nicht auch christlicher Protest angebracht?

Stattdessen singen Christen unbekümmert bis heute. „Du großer Schmerzensmann, vom Vater so geschlagen, Herr Jesu dir sei Dank für alle deine Plagen," [36] oder „Mußtest am Kreuze hangen, auf dass du für uns schafftest Rat und unsre schwere Missetat bei Gott versöhnen möchtest." [37] Welche Gottesvorstellung wird da selbstverständlich und unreflektiert tradiert? Die abendländische Kultur- und Kunstgeschichte ist von diesen Opfermotiven, der blutbezogenen christlichen Bilderwelt, den zugehörigen Denkgebäuden und Sprachmustern tief durchdrungen.

Der Sündenbock

Dieses vertraute Opfermotiv stammt aus vorchristlicher Zeit. Im 3. Buch Mose, dem Buch Levitikus, im 16. Kapitel, wird der Ritus des jüdischen Versöhnungstages festgelegt. Das verbreitete Bild vom Sündenbock ist ursprünglich in diesem Ritus beheimatet. Im Ritual des jährlichen Versöhnungstages wurden

---

35 Hans Küng, Credo, Das Apostolische Glaubensbekenntnis - Zeitgenossen erklärt, München ⁵1995, S. 120.
36 Evangelisches Gesangbuch, a. a. O. , Nr. 87
37 Evangelisches Gesangbuch, a. a. O. , Nr. 89,3

einem Ziegenbock die Sünden des Volkes symbolisch aufs Haupt gelegt. So beladen wurde das Tier anschließend in die Wüste getrieben. Die Redensart, „Jemanden in die Wüste schicken", stammt ebenfalls aus diesem kultischen Zusammenhang.

Das den Juden vertraute Sündenbock-Motiv bot sich den ersten Christen hervorragend als Verständnisfolie und Deutung des Lebens und Todes Jesu an. Sie waren ja zunächst fast alle jüdischer Herkunft, *Judenchristen*. Dieses Verständnis des Lebens und Todes Jesu hat sich mit der Verbreitung des christlichen Glaubens dann unter den Christen, die nicht mehr jüdischer Herkunft waren, den *Heidenchristen*, weitergetragen. Bis in die Gegenwart ist diese Vorstellung prägend und verbreitet geblieben. Zahlreiche Kirchenlieder, die in den Gottesdiensten gesungen werden, spiegeln das wider. „Ein Lämmlein geht und trägt die Schuld der Welt und ihrer Kinder," [38] heißt es da oder „O Lamm Gottes unschuldig, am Stamm des Kreuzes geschlachtet, (...) all Sünd hast du getragen, sonst müssten wir verzagen" [39] und ein bekannter Gebetsruf lautet: „Christe, du Lamm Gottes, der du trägst die Sünd der Welt, erbarm dich unser." [40]

Nicht erst heute steht die Frage im Raum, ob dieses Deutungsmodell noch angebracht ist für Menschen, denen diese zugrundeliegenden jüdischen Denkmuster und Traditionen völlig fremd sind. Gibt es denn keine andere Verständniszugänge zum Leben des Jesus von Nazareth?

Vorstellungswechsel

Der bereits zitierte Theologe Limbeck, macht dazu klare Aussagen. „Der Gedanke, uns Menschen eine beglückende Zukunft durch irgendwelche sühnende Opfer erst ermöglichen zu müssen,

---

38 Evangelisches Gesangbuch, a. a. O. , Nr. 83
39 Evangelisches Gesangbuch, a. a. O. , Nr. 190.1
40 Evangelisches Gesangbuch, a. a. O. , Nr. 190.2

war Jesus zuinnerst fremd. [...] Nichts zwingt uns, in Jesu Tod ein unumgängliches gottgewolltes und gottgefälliges Opfer zur Erlösung der Menschen zu sehen. (…) In dem Augenblick, in dem die Bedeutung Jesu nicht länger an dessen Hinrichtung auf Golgotha festgemacht wird – so wie es bereits beim Apostel Paulus geschah -, werden wir fähig zu sehen und zu hören, wie Jesu Botschaft und Wirken uns heute über alle Konfessionen und Glaubensgemeinschaften hinaus den Weg zu einem sinnvollen Leben weisen und dem Glauben an Gott einen guten Grund und eine neue Strahlkraft verleihen können." [41]

Solche theologischen Einsichten sind noch kein verbreitetes christliches Gedankengut. Sie werfen aber berechtigte Fragen auf. Ist es nicht dringend an der Zeit, das Deutungsmuster vom Opfertod Jesu zu überdenken oder zumindest durch alternative Deutungsmöglichkeiten zu ergänzen? Das Opfertod-Verständnis scheint ja in gewisser Weise monopolisiert zu sein. Aber der lange Zeitraum, über den dieses Verständnis alternativlos tradiert wurde, darf für seine alleinige Geltung nicht ausschlaggebend sein. Dauer allein ist kein Kriterium für Richtigkeit. Auch das geozentrische Weltbild wurde über Jahrhunderte lang überliefert.

Andererseits haben auch alternative Deutungen des Lebens Jesu bereits ein biblische Grundlage. Offensichtlich hatten bereits die Evangelisten, die sich nach der Anfangszeit des Christentums nicht mehr an Gemeinden mit überwiegend jüdischer Bezogenheit wandten, erkannt, dass das Opfertod-Motiv nicht die einzige Möglichkeit war, das Leben Jesu zu verstehen. Sie boten daher bereits alternative Sichtweisen an, um die Bedeutung Jesu Menschen zu verdeutlichen, denen die jüdische Glaubenswelt völlig unbekannt war.

---

41 Limbeck a. a. O. , S. 16f.

Alternative Deutungen

Jörg Zink hat auf diesen Wechsel der Deutungsmuster hinge-
wiesen, der schon in den Evangelien festzustellen ist. Mit Blick
auf das Lukasevangelium schreibt er: „Jesus leistet ... nicht irgendeine Sühne", er geht vielmehr vor uns her und macht uns
den Weg frei. Und auf diese Weise zeigt Lukas seinen Lesern
den Sinn von Jesu Sterben, ohne sie mit den schwierigen
Gleichnisbildern aus der jüdischen Tradition, also mit Opfer,
Rechtfertigung, Stellvertretung oder Sühne, zu befassen. „Für
euch" gestorben heißt bei Lukas „euch voraus." [42]

Heutige Menschen, die nach der Bedeutung des Lebens Jesu
fragen, fänden möglicherweise ebenfalls eher einen Zugang
dazu über dieses lukanische Verständnis. Es wäre deshalb sinnvoll und angebracht, in der Glaubensverkündigung auf diese
Verständnismöglichkeit hinzuweisen. Das könnte denen, für die
Vorstellungen von Opfer und Sündentilgung befremdend wirken,
vielleicht einen anderen Zugang zum Verständnis Jesu anbieten.
„Wichtig ist bei all dem, dass wir sehen: Schon die Urgemeinde
hat über den Sinn des Todes Jesu verschieden gedacht. Es kann
also nicht sein, dass ein Christ heute auf eine dieser Inter-
pretationsweisen festgelegt oder dass er gar verpflichtet wird,
alle Versuche einer solchen Deutung mitzutragen. Die
„Lehre" der Kirche ist nicht ein verwaltetes Lehrgut, das ein für
alle Mal festliegt; sie ist vielmehr ein offenes Feld für das
Gespräch unter Christen." [43]

Umsonst - ein Deutungsangebot

Umstritten war eine Karfreitagspredigt in einer schweizer Gemeinde, mit der vor Jahrzehnten bereits ein Theologe Aufsehen
erregte. Statt in den Tod Jesu einen Sinn hinein interpretieren zu

---

42 Jörg Zink, Jesus, Freiburg 2001, S. 196.
43 Zink, a. a. O. S. 197.

wollen, wie es beispielsweise bei der Deutung eines Opfertodes geschieht, wollte er den Tod Jesu von einem Todessinn befreien. Im Folgenden einige Auszüge seiner anregenden und möglicherweise provozierenden Gedanken.

„Es genügt ein Sinn, ein Todessinn, sogar ein Un-Sinn und schon gehen die Menschen in viele Tode [...] Auch ein vermeintlicher Wert und Sinn, wie Sieg, Vaterland, Ehre, Angst, Macht läßt ihn den Tod überwinden. Jesus stand vor der Alternative, den Tod in seiner Sinnlosigkeit hinzunehmen oder ihm einen Sinn und Wert beizumessen. [...]

Sein Leiden ist nicht entscheidend. Hätte er leidend von der Möglichkeit Gebrauch gemacht, eben das Leiden etwa als Sinn des Todes auszulegen, dann hätte er aus dem Nichts des Todes ein Etwas gemacht; beispielsweise eine Heilstat. Hätte er das Nichts so durchgestanden, wäre Gott durch ihn nicht offenbar geworden. [...]

Wozu ist Jesus gestorben?
Umsonst ist er gestorben. Hätte er aus seinem Leiden und seinem Tod irgendeinen Wert geschaffen, wäre er nicht mehr und nicht weniger als irgendein Soldat oder Held gewesen. Jesus war aber kein Held. Er war Mensch. Er hat die ganze Tragweite der Frage des Wozu? gekannt und sich ihre Beantwortung versagt. So ist er dann wahrlich umsonst gestorben. In die totale Leere hineinsterben heißt aber Gott Platz machen und Raum geben. Wenn sich der Mensch alle Werte und jeden Trost versagt und sich jeden Sinn und jede vorläufige Antwort aus dem Kopf schlägt, sich dem Nichts und der Leere übergibt, dann öffnet er sich gleichzeitig so, dass Gott ihm entgegenkommen kann.
Das Umsonst des Todes Jesu ist jene schmale Stelle, die uns den Blick auf Gott freigibt. [...] Mit seinem radikalen Umsonst wird Jesus für uns der Christus. [...]

Jesus hoffte nicht. Er glaubte, dass er von Gott »in ein anderes Leben«, in das Leben Gottes gerufen werde. Jesus hat also seine ganze Zukunft in etwas *anderes* gesetzt, als er von *sich aus* haben konnte. [...] Daran hielt Jesus fest. Er glaubte, ohne irgendeinen Wert dieser Welt ins Spiel zu setzen, indem er im Zeichen des Todes, die ganze Zukunft auf sich zukommen ließ. Dadurch wurde er Erlöser. Jesus hat also nicht durch Leiden erlöst, sondern in erster Linie durch seinen Glauben an unsere Zukunft. Er hat uns die große Zukunft erlitten und erzeigt." [44]

Soweit dieser Versuch, das Leben und Sterben Jesu auf eine andere Weise zu verstehen.

---

44 Gonsalv Mainberger, Jesus starb - umsonst, Sätze, die wir noch glauben können, Freiburg 1970, S. 85ff.

archetekten

wenn
wirklich
sintfuten
drohen
wenn vieles ansteigt
stickstoffwerte
feinplastikverschmutzung
temperaturen
meeresspiegel
überwachungsdichte
flüchtlingsströme
waffenarsenale
wenn anderes abnimmt
poleiskappen
friedfertigkeit
thermafrostböden
regenwälder
artenvielfalt
soldidarität
dann
werden viele archen nötig
zahlreiche archetekten
ein noah allein
wird
dann
nicht mehr
genügen

entstaubungsfrage

wenn
sternenstaub
als
herkunft und zukunft
momentan
angenommen
wird
so
bleibt
doch
weiterhin
unausrottabrar
und
unbeantwortet
die frage
wer
oder
was
all
diesen
staub
hervorbrachte
und
womöglich
einmal
wieder
entstaubt

luther

l   iebe

u   nd

t   reue

h   aben

e   wigen

r   ückhalt [45]

---

45 Josef Ising, traumnähe und atemtanz, Hamburg 2020, Verlag Tredition, S. 82.

Sicherheiten und Veränderungen

Woher wissen die das

Es ist der buchstäbliche *Wink mit dem Zaunpfahl*, den Kurt Tucholsky vornimmt. „Werde ich sterben können –? Manchmal fürchte ich, ich werde es nicht. [...] Wie aber, wenn ich mich nun dabei so dumm anstelle, dass es nichts wird? Es wäre doch immerhin denkbar. «Keine Sorge, guter Mann. Es wird sich auf sie herab senken, das Schwere – Sie haben eine falsche Vorstellung vom Tode. Es wird... » Spricht da jemand aus Erfahrung? Dies ist die wahrste aller Demokratien, die Demokratie des Todes. Daher die ungeheuere Überlegenheit der Priester, die so tun, als seien sie alle schon hundertmal gestorben, als hätten sie ihre Nachrichten von drüben – und nun spielen sie unter den Lebenden Botschafter des Todes.
Vielleicht wird es nicht so schwer sein, ein Arzt wird mir helfen, zu sterben. Und wenn ich nicht gar zu große Schmerzen habe, werde ich verlegen und bescheiden lächeln: «Bitte, entschuldigen Sie [...] Es ist das erste Mal [...] .» " [46]

Die besserwisserischen Priester kommen nicht gut weg bei Tucholsky. Ob das, was er da ironisch schildert, in jedem Fall zutrifft, sei einmal dahingestellt. Er hat seine Eindrücke aber sicher nicht nur aus der Luft gegriffen. Lässt sich, was Tucholsky anspricht, auch in der Gegenwart in ähnlicher Weise wiederfinden?

Manche Äußerungen in Predigten oder der Verkündigung können durchaus so wirken, als würden darin nicht nur Überzeugte

---

46 Kurt Tucholsky, Panter, Tiger und Co, rororo Tb, Reinbek 1967, S. 229.

und fachwissenschaftlich Gebildete, sondern auch mit reichhaltiger Sonder-Erfahrung Ausgestattete auftreten. Tucholsky könnte spöttisch an Karl May erinnern, der ja bekanntlich über fremde Länder, Menschen und Kulturen geschrieben hat, die er in Wirklichkeit niemals erlebt hatte. So können Äußerungen von Gläubigen wirken, wenn sie mit zu viel Pathos und überzogener Gewissheit getätigt werden.

Das kann sich dann etwa so anhören: „Gott wird in jedem Fall ... ; Jesus hätte doch niemals ... ; Wir können sicher sein, dass nach dem Tod ... ; Maria hat nie daran gezweifelt, ... ; Gewiss hätten die Jünger jederzeit abgelehnt ...", und anderes mehr. Da ist manch einer versucht zu fragen, woher die Gewissheit in solchen Aussagen stammt. Hier fände Tucholsky vermutlich weiteren Stoff für seinen Spott.

Im Märchen von des Kaisers neuen Kleidern ist es ein Kind, das das Getue der Erwachsenen entlarvt und klarstellt, dass der Kaiser keine Kleider an hat. Manchmal wäre vielleicht solch eine einfache Kinderäußerung hilfreich, wenn allzu selbstsicherere Aussagen über Gott und die Welt getätigt werden. „Sag mal, woher wissen die das eigentlich?"

Fehlende Zurückhaltung

Karl Barth hat betont, dass Gott als *der ganz Andere* gesehen werden muss. Manche Äußerungen über Gott erwecken aber den Eindruck, als sei dieser Hinweis aus dem Blick geraten. Erstaunt oder kopfschüttelnd nehmen Menschen manchmal wahr, mit welcher Selbstgewissheit Glaubensüberzeugungen und theologische Aussagen verkündet werden. Man möchte an die Worte von Johann Gottfried Seume erinnern: „Des Glaubens Sonde ist der Zweifel."

In Pfarrbriefen, Abhandlungen oder Ansprachen wird mit Überzeugung Unterschiedlichstes erklärt, beschrieben, behauptet. Da kann man beispielsweise erfahren, unter welchen Bedingungen Gott Sünden vergibt, ob bestimmte Verhaltensweisen oder Einstellungen dabei eine Rolle spielen. Oder es gibt Aussagen darüber, auf welche Weise Jesus im Abendmahl anwesend ist und den Menschen nahe kommt. Leider sind bis heute mit solchen Aussagen manchmal Streitigkeiten zwischen Menschen und Konfessionen verknüpft.

Mit Überzeugung wird von manchen Amtsträgern der römisch-katholischen Kirche vertreten, dass Frauen nicht Priester werden dürfen. Einige scheinen zu wissen, das dies im Willen Gottes verankert ist. Spötter könnten anfragen, ob Gott für so Überzeugte vielleicht erst noch eine Tochter ins Spiel bringen müsste, damit Frauen größere Rechte eingeräumt würden. Was alles wird mitunter unter Berufung auf Gott, Jesus, die Bibel behauptet, gefordert, vertreten? Woher rührt dieser Gewissheits-Anspruch, der bei solchen Äußerungen oft mitspielt?

Bekanntlich besteht in der römisch-katholischen Kirche unter genau festgelegten Bedingungen sogar eine Unfehlbarkeitsgarantie für päpstliche Aussagen. Hinter diesen Anspruch hat der bekannte Theologe Hans Küng bereits vor Jahrzehnten sein begründetes und für viele überzeugendes Fragezeichen gesetzt. [47] Er ist deshalb mit dem Entzug seiner Lehrerlaubnis abgestraft worden. Ein sachliches Argument gegen seine Aussagen stellte das zu keiner Zeit dar. Man könnte diesen Vorgang mit dem kommentieren, was Fulbert Steffensky einmal angemerkt hat: „Ich vermute, dass der, der nicht irrtumsfähig ist, auch nicht wahrheitsfähig ist." [48]

---

47 Hans Küng, Unfehlbar? - Eine Anfrage, Zürich, Einsiedeln,Köln, 1970.
    48 Fulbert Steffensky, Wo der Glauben wohnen kann, Stuttgart 2008, S.161.

Gott bleibt unverfügbar

Allzu selbstsicher anmutende Glaubensverkündigung kann Ärger hervorrufen und abstoßen. Dagegen steht die Erwartung, dass bei Aussagen über Gott und den Gauben eher Behutsamkeit angebracht ist. Die alte philosophische Erkenntnis, „Ich weiß, dass ich nichts weiß", gilt letztlich auch für Theologen und Gläubige.

Der Geltungsanspruch von Glaubensaussagen, der manchmal erhoben wird, kann deshalb befremden. Statt vorschnellem Reden über Gott wäre Schweigen manchmal angebrachter angesichts eines Gottes, der sich dem Propheten Elia entziehend kundtut (1. Kön 19,12). Martin Buber gibt diese Szene in seiner enfühlsamen Übersetzung so wider. „Da vorüberfahrend ER: ein Sturmbraus, groß und heftig, Berge spellend, Felsen malmend, her vor SEINEM Antlitz: ER im Sturme nicht – und nach dem Sturm ein Beben: ER im Beben nicht – und nach dem Beben ein Feuer: ER im Feuer nicht – , aber nach dem Feuer eine Stimme verschwebenden Schweigens." [49]

„Gott sieht alles", stand auf dem Schild unter dem Apfelbaum eines Pfarrers, gedacht als Diebstahlschutz. „Aber er verrät uns nicht", sollen schlaue Köpfe dazu geschrieben haben. Stimmt vielleicht Beides? „Alle Versuche, Gottes Wirklichkeit vor menschlicher Verzerrung zu schützen, schlagen ganz einfach dadurch fehl, dass auch diese Versuche menschlich verzerrter Gedankenwelt entspringen. Wir haben nicht die Wahl, von Gott Adäquates oder Unzulängliches auszusagen sondern nur die,

---

49 Bücher der Geschichte, verdeutscht von Martin Buber gemeinsam mit Franz Rosenzweig, Die Schrift 2, Stuttgart1992, S. 406, 8. Auflage der neubearbeiteten Ausgabe von 1955, Lizenzaufgabe für die Deutsche Bibelgesellschaft

unzulänglich menschlich von ihm zu sprechen oder ganz zu schweigen." [50] Verkündigung sollte immer vom Bewusstsein eigener Vorläufigkeit und Begrenztheit mitbestimmt sein.

Von dieser Grundeinstellung sind die folgenden Wünsche und Überlegungen geprägt. „Ich wünsche mir eine Religion, die Gott unendlich sein lässt und auf ihre eigene Unendlichkeit verzichtet. Erst sie ist fähig zum Zwiegespräch. [...] Ich wünsche uns den Mut zur Endlichkeit. [...] Wir sind nicht der Grund des Lebens, das ist Gott, in ihm sind das Leben und die Wahrheit begründet. So können wir Fragment sein, auch als religiöse Gruppe. Welche Lebensleichtigkeit, dass wir nicht alles sein müssen. In uns muss nicht die ganze Wahrheit zu finden sein. [...] Wir können uns als religiöse Gruppe die Freiheit nehmen, nicht absolut zu sein. Damit sind wir von der Last der Einzigartigkeit befreit. Das ist dann zugleich der Lebensraum für andere; für andere Wahrheiten, andere Lebensentwürfe, andere Hoffnungen. Ich bin einer unter vielen, mein Glaube ist einer unter vielen [...] . Der andere Glaube ist anders als meiner, und ich kann ihm seine Andersheit lassen. Er ist mir gleich, denn wir haben den gleichen Ursprung des Lebens. Andere Lebensentwürfe, andere Hautfarben, andere Religionen brauchen also nicht auf dem Altar meiner eigenen Wahrheit geopfert zu werden. Menschen im anderen Glauben sind meine Geschwister – Menschen wie ich und Menschen anders als ich. Gott spricht in Dialekten. Im Talmud heiß es: »Die Sprache des einen und die Sprache des anderen ist die Sprache des Lebendigen Gottes.« Und der jüdische Philosoph Levinas: »Die Sprache Gottes ist eine mehrzahlige Sprache.«" [51]

---

50 Hans Frör, Ich will von Gott erzählen wie von einem Menschen, den ich liebe, München 1977, S. 75f.
51 Fulbert Steffensky, Vortrag zur Festveranstaltung „Dialog der Religionen – für die Zukunft bilden" anlässlich des 100-jährigen Jubiläums des Bundesverbandes evangelischer Ausbildungsstätten für Sozialpädagogik (BeA) am 6. November 2009 in der Französischen Friedrichstadtkirche Berlin

Überzeugungswandel

Die zahlreichen Veränderungen des Glaubensverständnisses und der religiösen Praxis im Verlauf der Geschichte können hinreichend belegen, dass sich sogar solche Überzeugungen manchmal wandeln mussten, die bis dahin als absolut gesichert galten. Die Überwindung des geozentrischen Weltbildes mag als Beispiel dafür stehen, wie hartnäckig sich festgefahrene Überzeugungen sogar gegen Vernunftargumente und naturwissenschaftliche Belege halten können. In Diskussionen um den Klimawandel und die Pandemie sind manchmal ähnliche Beharrungstendenzen und Umdenkprobleme zu beobachten.

Überzeugungen unterliegen einem Entwicklungsprozess. Das ist an den biblischen Überlieferungen und den Wandlungen des Gottesbildes ablesbar. Versuche, zeitbedingte Bekenntnisformulierungen dogmatisch dauerhaft festzulegn, sind deshalb abzulehnen. Sie implizieren den Anspruch, dass Erkenntnis zu einem bestimmten Zeitpunkt zum Stillstand kommen und die dabei angeblich erkannte Wahrheit für immer Geltung hat. Es ist anmaßend, die Zukunft auf Überzeugungen der Vergangenheit oder Gegenwart auf solche Weise fixieren zu wollen.

Glaubens- und Gottesvorstellungen sind immer auch zeitbedingt. Der biblisch bezeugte Gott bleibt der sich jedwedem Zugriff immer Entziehende. Gott ist und bleibt letztlich für Menschen ein Geheimnis. Jede Vorstellung von Gott bleibt vorläufig und hoffentlich offen für neues, tieferes, zukünftiges Verstehen.
Kirchenlieder transportieren solche zeitbedingten Vorstellungen dauerhaft. Sie schaffen damit sowohl Beständigkeit für Überzeugungen, erschweren aber so auch Neubesinnung und Umdenken. Lieder, die an Hochfesten gesungen werden, können das beispielhaft veranschaulichen.

Kirchliche Weihnachtslieder

„Des ewgen Vaters einig Kind, jetzt man in der Krippe find´t."
[52] „Er kommt aus seines Vaters Schoß und wird ein Kindlein
klein." [53] „Gottes Sohn ist Mensch geborn, hat versöhnt des
Vaters Zorn." [54] „Wunderbarer Gnadenthron, Gottes und Marien
Sohn, Gott und Mench ein kleines Kind, das man in der Krippen
find´t." [55] Diese Liedtexte bilden eine unreflektierte, bunte
Mischung von alten Glaubensüberzeugungen, Bildhaftem,
Legendenstoff, Missverständnissen. Und das wird mit großer
Selbstverständlichkeit, zum Teil bereits seit Jahrhunderten, bis
heute gesungen. Wird es auch wirklich noch geglaubt?

Diesen gesungenen Inhalten stehen inzwischen anders lautende,
nüchterne, theologische Aussagen und Erkenntnisse gegenüber,
die bisher nur wenig in Kirchenliedern Eingang gefunden haben.
„Was [...] ist ursprünglich jüdisch und so auch neutestamentlich
mit der Gottessohnschaft gemeint? [...] Im Neuen Testament ist
ohne Frage nicht eine Abkunft, sondern die *Einsetzung in eine
Rechts- und Machtstellung im hebräisch-alttestamentlichen
Sinne* gemeint. Nicht eine physische Gottessohnschaft, wie in
den hellenistischen Mythen und wie von Juden und Muslimen
bis heute oft angenommen und zu Recht verworfen, sondern eine
Erwählung und Bevollmächtigung Jesu durch Gott, ganz im
Sinn der Hebräischen Bibel, wo bisweilen auch das Volk Israel
kollektiv »Sohn Gottes« genannt wird. [...] Würde die
Gottessohnschaft auch heute wieder in ihrem ursprünglichen
Verständnis vertreten, so bräuchte, scheint es, vom jüdischen
oder islamischen Monotheismus her wenig Grundsätzliches
eingewendet zu werden. Für Juden, Muslime, aber auch für

---

52 Evangelisches Gesangbuch, a. a. O. , Nr. 23
53 Evangelisches Gesangbuch, a. a. O. , Nr 27,2
54 Evangelisches Gesangbuch, a. a. O. , Nr. 29
55 Evangelisches Gesangbuch, a. a. O. , Nr. 38

Christen ist der Ausdruck »Mensch gewordener Gott« irreführend. [...]

An den Sohn Gottes glauben, heißt, an des einen Gottes Offenbarung im Menschen Jesus von Nazareth glauben, der so Gottes Wort, Bild und Sohn ist." [56]

Christen feiern an Weihnachten diese Glaubensüberzeugung von der Nähe Gottes, die im Leben des Jesus von Nazareth erfahrbar wurde. Die überkommenen Bilder und Texte der Liturgie und auch manche verkündeten Auslegungen verhüllen mitunter eher den oben geschilderten Glaubensinhalt, als dass sie ihn klarstellen. Sie stabilisieren damit bestehende Missverständnisse. Deshalb sind fachkundige Rede und Zurückhaltung bei der Verkündigung der Festbotschaft angebracht. Aber auch alle theologischen Erkenntnisse lösen das Geheimnis der Zuwendung Gottes zum Menschen nicht auf.

Kirchliche Osterlieder

Die Osterbotschaft, das Vertrauen darauf, dass Gott Menschen ebenso wie Jesus durch den Tod hindurch retten kann, ist ebenfalls verstandesmäßig nicht weiter durchdringbar. „ Auf die immer wieder gern gestellte Frage, wie man sich dieses so ganz andere Leben vorstellen soll, ist schlicht zu antworten: überhaupt nicht! Hier gibt es nichts auszumalen, vorzustellen, zu objektivieren. Es wäre ja nicht ein ganz anders Leben, wenn wir es mit den Begriffen und Vorstellungen aus unserem Leben anschaulich machen könnten! Weder unsere Augen noch unsere Phantasie können uns hier weiterhelfen, sie können uns nur irreführen." [57] Alles über das Bekenntnis der Auferweckung Hinausgehende, weitere Erklärungen über ein Wie, Wann und Wo

---

56 Küng, Jesus, a. a. O. S. 266 ff.
57 Küng, Jesus, a. a. O. S. 247.

und Vorstellungen über die Art und Weise des so von Gott geretteten Lebens sind vergebliche Bemühungen, Unfassbares bis zum Letzten begreifen zu wollen.

„Auferweckung meint ja nicht ein Naturgesetze durchbrechendes, innerweltlich konstatierbares Mirakel, nicht einen lozierbaren und datierbaren supranaturalistischen Eingriff in Raum und Zeit. Zu photographieren und registrieren gab es nichts. Historisch feststellbar sind der Tod Jesu und dann wieder der Osterglaube und die Osterbotschaft der Jünger. [...] Aber gerade weil es nun nach neutestamentlichem Glauben in der Auferweckung um das Handeln Gottes geht, geht es um ein nicht nur fiktives oder eingebildetes, sondern um ein im tiefsten Sinn *wirkliches* Geschehen. Es ist nicht nichts geschehen. Aber was geschehen ist, sprengt und übersteigt die Grenzen der Historie. Es geht um ein transzendentes Geschehen aus dem menschlichen Tod in die umgreifende Dimension Gottes hinein." [58]

Die gerne gesungenen traditionellen Osterlieder spiegeln keine dementsprechende Zurückhaltung wider. Sie lassen der Osterfreude in Phantasien, Deutungen, Vorstellungen freien Lauf. „Des Morgens früh am dritten Tag, da noch der Stein am Grabe lag, erstand er frei und ohne Klag." [59] „Die alte Schlange, Sünd und Tod, die Höll, all Jammer Angst und Not, hat überwunden Jesus Christ, der heut vom Tod erstanden ist." [60] „Es hat der Löw aus Judas Stamm heut siegreich überwunden, und das erwürgte Gotteslamm hat uns zum Heil erfunden das Leben und Gerechtigkeit, weil er nach überwundenem Streit den Feind zur Schau getragen." [61]

---

58 Küng, Jesus, a. a. O. S. 246.
59 Evangelisches Gesangbuch, a. a. O. , Nr. 103,2
60 Evangelisches Gesangbuch, a. a. O. , Nr. 106,2
61 Evangelisches Gesangbuch, a. a. O. , Nr. 114,6

In diesen Liedern wird der Eindruck erweckt, als sei Jesus selbst als der eigenmächtig aus dem Tod Heraustretende anzusehen, ein Missverständnis , das in zahlreichen Liedern zum Ausdruck kommt. Die Verwendung der Begrifflichkeit ist in diesem Zusammenhang von Bedeutung.

Auferstanden oder auferweckt

„Auferstehung oder Auferweckung? Zu selbstverständlich spricht man heute von Auferstehung, als ob dies einfach Jesu eigenmächtige Tat gewesen wäre. Auferstehung wird jedoch nach dem Neuen Testament nur dann richtig verstanden, wenn sie als *Auferweckung durch Gott* verstanden wird. Es geht grundlegend um ein Werk Gottes an Jesus, dem Gekreuzigten, Gestorbenen, Begrabenen." [62]

Alles Verstehen und Sprechen wird sich immer nur unzureichend dem unverfügbaren Gottesgeheimnis annähern können. Und dabei gilt auch für die Sprache des Glaubens, was Antoine de Saint Exupéry dem Kleinen Prinzen in seiner Begnung mit dem Fuchs mitteilen lässt: „Die Sprache ist die Quelle der Mißverständnisse." [63]

Die spöttischen Aussagen Tucholskys zum besserwisserischen Auftreten mancher Priester angesichts von Sterben und Tod standen am Beginn dieser Überlegungen. Eine – diesmal behutsamere – Aussage zum Tod soll sie deshalb beschließen.

„Nein, ich bin meiner Sache nicht sicher,
was das Ende betrifft,
das Sterben, das Grab, das Vergehen

---

62 Küng, Jesus, a. a. O. S. 245.
63 Antoine de Saint Exupéry, Der kleine Prinz, Düsseldorf 1956, S. 67.

und den unaufhaltsamen Tod,
der mich aufzehren wird
und austilgt für immer -
daran ist kein Zweifel.
Und doch bin ich manchmal nicht sicher
und zweifle am Augenschein
und denke nach,
ob nicht doch etwas bleibt,
von dem was ich war, ob nicht doch
in dem grauen Geröll, in dem Staub,
in dem Tod eine Spur sich
unvergessen erhält, ob nicht doch einer ist,
der mich ruft,
mit Namen vielleicht,
der mir sagt, dass ich bin,.
dass ich sein soll für immer
und leben werde mit ihm.
Nein, ich bin meiner Sache nicht sicher,
was das Ende betrifft und den Tod, gegen den Augenschein
hoff` ich auf ihn." [64]

64 Lothar Zenetti, Auf Seiner Spur, Texte der Zuversicht, München
1972, S. 311.

entzweiflung

abgründe
tun
sich
auf
wenn
der
glaube
sich
entzweifelt
seinen
stabilisierenden
gegenpol
einbüßt
und
aus
gewissheitsgier
fundamentalistisch
erblindet
auf
inhumanen
bahnen
entgleist

freudenspender

misstöne
von
der
orgel
übersungen
von
gefestigter
gemeinderoutine
aber
erheiterung
stiftend
im
andachtstrott
der
mienen
endlich
ein
grund
zur
freude

gebetswehen

nach
zahlreichen
fehlversuchen
worte
zu
finden
für
unaussprechliches
bleibt
allein
schweigen
gedankenvoll
unterwegs
an
ein
anschriftslos
unbegreifliches
im
jenseits
von
gegenüber

Wenn jeder zum Mahl kommen darf

Streiterei

„Mensch ärgere dich nicht", ein beliebtes Gesellschaftsspiel. Selbst wer sich vornimmt, es nicht zu tun, ärgert sich irgendwann doch, wenn es ihn erwischt und freut sich, wenn er – umgekehrt – eine Mitspielerin oder einen Mitspieler rauswerfen kann, wie das in der Spielsprache heißt. Schadenfreude ist eben doch eine besondere Art der Freude.

Manchem mag dieses Spiel einfallen, wenn er die Auseinandersetzungen zwischen den christlichen Kirchen um ein gemeinsames Abendmahl mitverfolgt. Mensch ärgere dich nicht! Diese Endlosschleife der Streitereien um die Abendmahlsgemeinschaft. Wie gastfreundlich darf oder wie exklusiv muss sich eine Konfession dabei verhalten? Man könnte spöttisch anfragen: Hält sich Jesus überhaupt an die unterschiedlichen, theologischen Anwesenheitsvorgaben beim Abendmahl, die römische Katholiken, Lutheraner oder Reformierte ihm unterstellen?

Nicht wenige Gläubige in den Konfessionen haben diesen Konflikt für sich pesönlich schon gelöst und praktizieren längst das, was sie für verantwortlich und richtig halten. Sie kümmern sich nicht um das manchmal so bezeichnete „Theologengezänk". Die Glaubenspraxis der Menschen und die Standpunkte theologischer Experten und Amtsträger fallen ja häufiger einmal auseinander; so auch hier. Es scheint diesbezüglich vielerorts längst eine Art *Abstimmung mit den Füßen* beim sogenannten Kirchenvolk zu geben. Vergleichbares Verhalten ist beispielsweise schon seit Langem auch beim Auseinanderklaffen von Lebenspraxis der Gläubigen und Positionen der katholischen

Amtskirche zu beobachten, wenn es um Fragen der Sexualmoral geht.

Die konfessionellen Lehrunterschiede

Der evangelische Theologe Markus Schaefer vertritt die Auffassung, dass trotz der noch bestehenden Lehrunterschiede einer wechselseitigen Teilnahme an Abendmahl und Eucharistie keine überzeugenden Argumente mehr im Weg stünden. Das Haupthindernis dabei sieht er darin, dass aber nicht die fortschrittlichen Einsichten die Theologie an den Universitäten, sondern die Amtsträger die kirchliche Praxis bestimmen. Die trennenden theologischen Auffassungen beschreibt er so: „Im Kern waren es zwei Punkte: das Amtsverständnis und das Kirchenverständnis. In der katholischen Kirche steht derjenige, der die Eucharistiefeier leitet, in der Folge der Apostel und ist in seinem Amt durch die Priesterweihe legitimiert. Die katholische Kirche ist bis heute der Auffassung, dass evangelische Geistliche seit der Reformation nicht mehr in dieser gemeinsamen Tradition stehen und das evangelische Abendmahl damit einen Defekt hat und nicht als vollgültige Eucharistie anerkannt werden kann.[...]
Beim Kirchenverständnis geht es vor allem um die Frage, in welchem Verhältnis die Gemeinschaft im Abendmahl zur Gemeinschaft der Kirchen steht. Die römisch-katholische Kirche vertritt die Ansicht, dass wir erst Abendmahl miteinander feiern können, wenn die Kirchen institutionell und strukturell vereint sind. Das gemeinsame Abendmahl ist also das Ziel der Einheit der Kirchen. Für die evangelische Kirche ist die Gemeinschaft am Tisch des Herrn nicht das Ziel, sondern eine wichtige Wegstation. [...] Auch wenn die Abendmahlsgemeinschaft das Ziel bleibt, kann die wechselseitige Einladung eine wichtige Ermutigung auf dem Weg zur Einheit sein." [65]

---

65 Evanglische Kirche im Rheinland, News-Archiv 2019, September 2019, https://www.ekir.de/www/service/abendmahl-31838.php

Weiterhin aber besteht der Eindruck, dass der amtliche ökumenische Dialog beim Thema Abendmahlsgemeinschaft auf der Stelle zutreten scheint. Mensch ärgere dich nicht! Gibt es für die beschriebenen Differenzen überhaupt eine biblische Grundlage?

Mahlgemeinschaft bei Jesus

Alles beginnt ja mit dem jüdischen Rabbi Jesus von Nazareth, mit seiner guten Nachricht vom nahen Gottesreich und seinem von dieser Grundbotschaft geprägten Verhalten. „Gottes Reich ist Gottes Werk, seine Herrschaft eine befreiende und beglückende Herrschaft." [66] Dazu gehörte ganz offensichtlich eine uneingeschränkte Offenheit für die Begegnung mit Menschen gerade auch bei gemeinsamen Mahlfeiern. Dieses Verhalten war in den Augen seiner Gegner völlig unangemessen. Häufig wird das in den Evangelien erwähnt. Aber Jesus war in dieser Beziehung anscheinend ein Genießer ganz eigener Art. Von seinen Gegnern wurde er dafür gelegentlich als Fresser und Säufer verunglimpft. In den Augen der Frommen hielt er sich häufig in ausgesprochen schlechter Gesellschaft auf. Anders als viele fromme Glaubensgenossen, hat Jesus anscheinend bei seinen Kontakten niemanden aussortiert. Wenn er mit Menschen zusammen aß und feierte, durfte jeder mit dabei sein. Dieses Benehmen bedeutete für fromme Juden eine Provokation, *öffentliches Ärgernis*. Denn für sie galt, Distanz halten zu Menschen, die als Sünder betrachtet wurden. Zu ihnen konnte nicht einfach jeder dazu kommen.

Dieser Grundsatz ist auch heute noch verbreitet und wird praktiziert. Das Türsteherverhalten vor Diskotheken oder auch mancher Umgang mit Migranten zeugen beispielsweise davon. Nein, es darf nicht überall jeder kommen. Wo käme man da hin? Vielleicht ist solches Verhalten in einigen Situationen auch

---

66   Küng, Jesus, a. a .O. S.95f.

durchaus verständlich und angebracht. Ob dies allerdings beim Abendmahl auch dar Fall ist, darf angezweifelt werden. Dass die gottesdienstliche Mahlpraxis einiger Kirchen Ausgrenzung widerspiegelt, stellt für Viele ein offenes Ärgernis dar.

Gastfreundschaft

Zurück zu Jesus. Was die einen an seinem Verhalten ärgerte, war für andere eine befreiende, aufbauende Erfahrung, die menschliche Nähe vermittelte. Diese Praxis Jesu bedeutete für manche eine Erlösung, eine Befreiung aus gesellschaftlicher Isolation, einen zwischenmenschlichen Mauerfall sozusagen. Die von jüdischen Gesetzeslehrern, Amtsträgern und Frommen Aussortierten, die sonst nie eingeladen wurden, die draußen bleiben mussten, fanden bei Jesus Beheimatung. Dass ihn seine Gegner deshalb sogar offen auch als Freund der Huren und der Sünder beschimpften, hat Jesus allem Anschein nach weder gestört noch beeindruckt.

„Das [...] zweifellos nicht von der Gemeinde erfundene Schimpfwort der Gegner Jesu vom »Fresser und Säufer« hat ja noch eine – um vieles schwerer wiegende – Fortsetzung »Freund von Zöllnern und Sündern«! [...] Als historisch gesichert wird jedenfalls allgemein anerkannt, was der Vorwurf der gegnerischen Kritik war: dieser nimmt Sünder an und isst mit ihnen.

Er verweigert den Sündern, den Gesetzlosen und Gesetzesbrechern, den Umgang nicht . Jesus zeigte eine provokative Zuneigung zu den Sündern und solidarisierte sich mit den Unfrommen und Unmoralischen. Verkommene und Abgeschriebene hatten bei ihm eine Zukunft. [...].

Es lässt sich somit nicht bestreiten: Jesus war »in schlechter Gesellschaft« (A. Holl). [...]. Entgegen allen gesellschaftlchen Vorurteilen und Schranken hat Jesus *jede soziale Disqualifizierung* bestimmter Gruppen oder unglücklicher Minderheiten *abgelehnt*. [...]

Diese Mahlgemeinschaft mit den von den Frommen Abge-
schriebnen war für Jesus nicht nur Ausdruck liberaler Toleranz
und humaner Gesinnung. Sie war Ausdruck seiner Sendung und
Botschaft: Friede, Versöhnung für alle ohne Ausnahme, auch für
die moralischen Versager. Die Moralischen empfanden das als
eine moralische Verletzung aller konventionellen moralischen
Normen, ja als eine Zerstörung der Moral." [67]
Jesus schien sich der Berechtigung und Richtigkeit seines Ver-
haltens sehr sicher zu sein. Mit einem auf seine Widersacher
geradezu anmaßend wirkenden Anspruch rechtfertigte Jesus
sein Tun. Er maß sich mit seinen Gegnern dabei nicht auf der
Ebene theologischer Spitzfindigkeiten. Er machte deutlich, dass
er sich sozusagen von Gottes Einladungskriterien bestimmen
ließ, die über bestehende Religionsgesetze hinausgingen. Davon
schien er völlig überzeugt zu sein: Wenn Gott einlädt, kann jeder
kommen. Da gibt es keine Vorleistungen, keine Türsteher, keine
Eintrittskarten. Jeder ist willkommen.

Bedingungslose Annahme

Da war er, dieser neue radikale Akzent, den Jesus setzte. In einer
Zeit theologischer Verirrungen in der Kirche hat Martin Luther
diesen Akzent wieder in den Blickpunkt gerückt: Gott liebt
umsonst! Gratis! Seine Liebe gilt Allen; sie ist nicht exklusiv
und schon gar nicht käuflich. Keine Vorleistungen oder Ablass-
briefe sind nötig. *Sola gratia!* Gnade allein!

Das war die Praxis und gute Nachricht des Rabbi Jesus von
Nazareth. Offensichtlich haben die Menschen, die mit ihm zu
tun bekamen, das sehr unmittelbar, überzeugend gespürt und als
heilsam erfahren. Gott sortiert nicht aus! Das lebte Jesus vor.
„Nicht die Gesunden brauchen den Arzt, sondern die Kranken!"
gibt er als Hinweis, als ihn die Frommen zur Rede stellen für

---

67   Küng, Jesus, a. a. O, 174-177.

sein Verhalten. Das war eine Gesundheitsreform eigener Art. Die Heilung, die Gott anbietet, gilt bedingungslos allen.

Das Verhalten Jesu stellt auch heute noch eine Herausforderung dar und ist nicht selbstverständliche Praxis derer, die sich als Christen bezeichnen.

Deshalb ist die vielerorts bestehende Enttäuschung und Verärgerung auch über konfessionell getrennte Abendmahlsangebote nachvollziehbar. Der vorauseilende Gehorsam von Gläubigen, die häufig schon eine Mahlgemeinschaft praktizieren, mag in den Augen mancher Theologen nicht korrekt sein, entspricht aber wohl eher dem Verhalten Jesu.

Angenommen

Dieser für Jesus kennzeichnende Lebensstil hat generelle Auswirkungen und Bedeutung. Wer sich selbst von Gott angenommen weiß, ist verpflichtet, auch andere Menschen anzunehmen. Beides hat miteinander zu tun. Daher beinhaltet die Praxis Jesu auch einen gesellschaftlichen, politischen Impuls. Nicht nur die Befreiungstheologen Südamerikas haben das verstanden und umzusetzen versucht. Dass sie dafür sanktionierende, vatikanische Reaktionen zu spüren bekamen, weist darauf hin, dass auch heute noch manche frommen Kreise damit ihre Schwierigkeiten haben. Es ist folgerichtig, dass Jesu Grundüberzeugung immer wieder *Protestanten* auf den Plan gerufen hat, die gegen Ausgrenzung, Abwertung und für Freiheit und Gleichwertigkeit aller Menschen eintraten.

Verhalten und Botschaft Jesu bergen bis heute bleibenden Zündstoff gegen alle Formen religiöser und gesellschaftlicher Ausgrenzungspraktiken. Selbst beim sogenannten *letzten Abendmahl* wird das noch einmal deutlich: Es wird keiner ausgeschlossen. Auch der Verräter Judas hat einen Platz mit am Tisch. So spiegelt Jesus die Großherzigkeit Gottes wider. Er gibt damit eine klare Richtung für das Verhalten aller vor, die sich auf ihn berufen. Die Umsetzung seiner Richtungsvorgabe im Zusammenleben gelingt sicher nicht immer. Bedauerlich ist, dass sie nicht einmal bei der Abendmahlsgemeinschaft aller christlichen Konfessionen umgesetzt wird.

Abgrenzungen

Die römisch-katholische Kirche stellt dieses Mahl Jesu in den Mittelpunkt fast all ihrer gottesdienstlichen Zusammenkünfte. Aber daran darf nicht jeder teilnehmen.

Die evangelische, protestantische oder reformierte Kirche ist bei ihren Gottesdiensten unterschiedlich zurückhaltend mit der Häufigkeit der Abendmahlsfeier. Aber dafür gibt es in der Regel Gastfreundschaft. Die Gläubigen aller Kirchen sind zum Abendmahl geladen.

Was würde Jesus dazu sagen? Letztendlich ist er der Gastgeber.

Unabhängig von solchen Überlegungen teilen ja möglicherweise viele Christen schon längst eine Einstellung und Praxis, die Fulbert Steffensky – ein Benediktinermönch, der später zum Lutherischen Bekenntnis konvertierte – für sich so beschrieb: „Während meines Theologiestudiums hatte ich mich mehr von Karl Barth als von Thomas von Aquin ernährt und in einem evangelischen Gottesdienst zu Abendmahl zu gehen hatte mir noch nie Schwierigkeiten gemacht. Heute gehe ich ebenso gerne [...] in eine katholische Messe, wie in einen protestantischen Gottesdienst. Das Gefühl für die Wichtigkeit des theologischen Unterschiedes zwischen den Konfessionen habe ich schon lange verloren." [68]

Ein Verhalten, das Schule machen kann, auch wenn manche Amtsträger davon nichts wissen wollen: Mensch, ärgere dich nicht!

---

68 Fulbert Steffensky, Feier des Lebens, Spiritualität im Alltag, Freiburg ²2014, S. 14.

herbergsuche

auf
der
flucht
vor
septemberchriststollen
oktoberlichterketten
novemberweihnachtsmännern
schon
vor
der
entfremdeten
dezemberweihnachtskulisse
herbergsuche
nach
einem
sinnstall
in
dem
bildhaft
ochs
und
esel
dem
kind
am
nächsten
stehen

menschgeheimnis

vom
menschen
als
ebenbild
gottes
singt
ein
altes
jüdisches
schöpfungslied
wohl
ahnend
dass
der
mensch
sich
selbst
immer
geheimnis
bleiben
wird

unbrot

unser
tägliches brot
gib uns
heute
mehl
wasser
sauerteig
hefe
unser
tägliches brot
emulgatoren
enzyme
säureregulator
trennmittel
phosphate
extrakte
zuckerkulör
konservierungsstoffe
verdickungsmittel
unser
tägliches brot
vergib
uns
heute [69]

69 Josef Ising, zersplittert ganz / Nachdenklichkeiten – Gedichte –
Verdichtungen, Offenbach (Frankfurter Literaturverlag) 2018, . S. 46.

Christlich-katholisch

nicht

römisch-katholisch

Was bedeutet eigentlich katholisch

Wenn Menschen befragt werden, was ihnen spontan zu „katholisch" einfällt, werden vermutlich Stichworte genannt wie Papst, Rom, Heilige, Kreuzzüge, Zölibat oder Ähnliches. Dass der Bezeichnung *katholisch* erhebliche Bedeutung zugemessen wird, lässt sich an einem Amtlichen Leitsatz des Bundesgerichtshofes ablesen. „Die katholische Kirche genießt für die Bezeichnung römisch-katholisch und katholisch Namensschutz, soweit sie zur namensmäßigen Kennzeichnung der Zugehörigkeit von Einrichtungen und Veranstaltungen zur katholischen Kirche verwendet werden." [70]

Auch dürfte es manche erstaunen, was sie in einem theologischen Lexikon unter dem Stichwort „Katholizismus oder Katholizität" lesen könnten. Im evangelischen Standardwerk Religion in Geschichte und Gegenwart (RGG) steht dazu Folgendes: „Der heutige Sprachgebrauch versteht unter »kath.« im allgemeinen »röm.-kath.« im konfessionellen Sinn. Er hat sich aber erst seit der Aufklärung durchgesetzt und ist typisch für den Neuprotestantismus. Die Reformatoren und die altprot. Theologen verstehen unter »kath.« soviel wie »allgemein christlich«. Sie nennen die röm. Kirche nicht »kath.«, sondern »papistisch«, ohne ihr deshalb die »kath.« Züge völlig abzu-

---

[70] Bundesgerichtshof Urt. v. 24.11.1993, Az.: XII ZR 51/92

sprechen. Die Lutheraner beanspruchen, die wahre »kath.« Kirche zu sein. Luther nennt seinen Glauben »catholica fides«. [...] Die Kirche heißt für Luther »eine einige hl. Catholica oder Christliche Kirche« [...]. Melanchthon bekennt: »Wir müssen alle kath. sein« ... . [71] [...]

Umgekehrt hat die röm. Kirche weder im 16. Jh. noch jemals später den Anspruch preisgegeben, die alleinige »kath.« Kirche zu sein. Alle anderen christlichen Denominationen sind Sekten, Schismatiker, Häretiker, allenfalls »getrennte Brüder«. [72]

Andererseits „hat sich das wiedererwachte Luthertum ... im 19. Jh. ... auf die Katholizität als ein wesensnotwendiges Merkmal der Kirche besonnen. Heute wird das universale Verständnis von »kath.« nicht nur von der Hochkirchlichen, sondern auch von der Ökumenischen Bewegung betont. Führende Männer des Weltluthertums haben sich zu dem »kath.« Charakter der luth. Kirche bekannt. Dieses erneute universale Verständnis von »kath.« hat sich aber im heutigen Sprachgebrauch bisher nicht durchgesetzt. Ihm steht nicht nur eine lange, andersartige Gewöhnung, sondern auch der bis heute festgehaltene Absolutheitsanspruch der röm. Kirche entgegen" [73].

Die römische Anspruchshaltung

Das also ist unter der Katholizität oder dem Katholischen zu verstehen. Es geht um ein grundlegendes, christliches Kriterium und Selbstverständnis und ist in erster Linie überhaupt keine

---

71 Katholizismus, S. 2. Digitale Bibliothek Band 12: Religion in Geschichte und Gegenwart, S. 16779
(vgl. RGG Bd. 3, S. 1206) (c) J.C.B. Mohr (Paul Siebeck)
72 Katholizismus, S. 3. Digitale Bibliothek Band 12: Religion in Geschichte und Gegenwart, S. 16780
(vgl. RGG Bd. 3, S. 1207) (c) J.C.B. Mohr (Paul Siebeck)
73 Katholizismus, S. 4. Digitale Bibliothek Band 12: Religion in Geschichte und Gegenwart, S. 16781
(vgl. RGG Bd. 3, S. 1207) (c) J.C.B. Mohr (Paul Siebeck)

Konfessionsbezeichnung. Zugleich wird in diesen Aussagen das bis heute bestehende Problem zwischen den christlichen Konfessionen erkennbar. „Diese K. behauptet die röm. Kirche ausschließlich für sich." [74] Darum geht es leider gegenwärtig immer noch. Ist dieser römische Anspruch berechtigt oder einfach nur anmaßend?

Der dadurch verursachte Konflikt wurde in der Vergangenheit vereinzelt auch auf Seiten der römischen Kirche als leidvoll empfunden. Dafür können Aussagen stehen, die der junge Professor Joseph Ratzinger, der spätere Papst Benedikt XVI , einmal so formulierte. „Wie die Heiligkeit, so scheint uns auch die Katholizität der Kirche fragwürdig. Der eine Rock des Herrn ist zerrissen zwischen den streitenden Parteien, die eine Kirche auseinandergeteilt in die vielen Kirchen, deren jede mehr oder minder intensiv Anspruch nimmt, allein im Recht zu sein." [75] Und – anders als in der Evangelischen Kirche – wird in diesem Zusammenhang der Bezug auf das Amtsverständnis deutlich, wenn er weiter ausführt, dass „in dem Wort 'katholisch' die bischöfliche Struktur der Kirche und die Notwendigkeit der Einheit aller Bischöfe untereinander ausgedrückt" ist. [76] „Und trotzdem darf man auch hier nicht verkennen, was der Anspruch der Katholizität immer wieder an Imperativen aus sich entlassen hat; vor allem aber sollten wir, statt mit der Vergangenheit abzurechnen uns dem Ruf der Gegenwart stellen und in ihr versuchen, Katholizität nicht nur im Credo zu bekennen, sondern im Leben unserer zerrissenen Welt zu verwirklichen." [77]

---

74 Katholizität, S. 2. Digitale Bibliothek Band 12: Religion in Geschichte und Gegenwart, S. 1683.
(vgl. RGG Bd. 3, S. 1226-1227) (c) J.C.B. Mohr (Paul Siebeck)
75 Joseph Ratzinger, Einführung in das Christentum, München 1968, S. 282f.
76 Ratzinger, a. a. O. S. 287.
77 Ratzinger, a. a. O. S. 288.

Neuauflagen alter Ansprüche

Unter Leitung dieses Joseph Ratzinger, inzwischen Kardinal und Präfekt der Glaubenskongregation, kommt es zu der vatikanischen Erklärung „Dominus Jesus" aus dem Jahr 2000, die, wie es dort heißt, Papst Johannes Paul II. „mit sicherem Wissen und Kraft seiner apostolischen Autorität bestätigt und bekräftigt" hat. Darin wird die Auffassung vertreten, „dass die Kirche Christi trotz der Spaltungen der Christen voll nur in der katholischen Kirche weiterbesteht" , und auf der anderen Seite, »dass außerhalb ihres sichtbaren Gefüges vielfältige Elemente der Heiligung und der Wahrheit zu finden sind«, nämlich in den Kirchen und kirchlichen Gemeinschaften, die nicht in voller Gemeinschaft mit der katholischen Kirche stehen. Bezüglich dieser Kirchen und kirchlichen Gemeinschaften ist festzuhalten, dass »deren Wirksamkeit sich von der der katholischen Kirche anvertrauten Fülle der Gnade und Wahrheit herleitet«.

Und weiter heißt es: „Es gibt also eine einzige Kirche Christi, die in der katholischen Kirche subsistiert und vom Nachfolger Petri und von den Bischöfen in Gemeinschaft mit ihm geleitet wird. Die Kirchen, die zwar nicht in vollkommener Gemeinschaft mit der katholischen Kirche stehen, aber durch engste Bande, wie die apostolische Sukzession und die gültige Eucharistie, mit ihr verbunden bleiben, sind echte Teilkirchen. Deshalb ist die Kirche Christi auch in diesen Kirchen gegenwärtig und wirksam, obwohl ihnen die volle Gemeinschaft mit der katholischen Kirche fehlt, insofern sie die katholische Lehre vom Primat nicht annehmen, den der Bischof von Rom nach Gottes Willen objektiv innehat und über die ganze Kirche ausübt. Die kirchlichen Gemeinschaften hingegen, die den gültigen Episkopat und die ursprüngliche und vollständige Wirklichkeit des eucharistischen Mysteriums nicht bewahrt haben, sind nicht Kirchen im eigentlichen Sinn; die in diesen Gemeinschaften Getauften sind aber durch die Taufe Christus eingegliedert und

stehen deshalb in einer gewissen, wenn auch nicht vollkomme-
nen Gemeinschaft mit der Kirche." [78]

Theologische Kritik und Infragestellung

Gegen eine solche Auffassung steht nachdrücklich, was Hans
Küng in seiner Erklärung des Glaubensbekenntnisses dazu an-
führt: „ »**Katholische Kirche**« meint ursprünglich völlig unpo-
lemisch die **ganze**, die gesamte Kirche im Unterschied zu den
Ortskirchen. Die ecclesia catholica des Glaubensbekenntnisses
meint auch heute nicht irgendeine Konfessionskirche; und auch
die römisch-katholische Kirche verrät sich trotz ihrer Größe gerade durch die erst in neuerer Zeit üblich gewordene Beifügung
»römisch« als eine partikulare Konfessionskirche. Katholische
Kirche meint wirklich die ganze, allgemeine, umfassende, gesamte Kirche. Römisch-katholisch ist wie anglo-katholisch
streng genommen ein Widerspruch in sich selbst: partikular-
universal = ein hölzernes Eisen." [79] Und an anderer Stelle äußert
er weiter zu dieser Frage: „Katholisch sein heißt also im vollen
Sinn Ökumenisch sein. Wie aber steht es dann mit dem
Römischen? »Römisch-katholisch« ist eine späte und mißverständliche Neubildung." [80]

Ein Alleinvertretungsanspruch auf Katholizität von Seiten einer
christlichen Konfession ist daher, trotz aller römischen Beteue-
rungen, auf dem Hintergrund solcher Ausführungen unange-
bracht und nicht mehr akzeptabel. Vielmehr wird erwartet, dass

---

78 Dominus Deus, Über die Einzigkeit und die Heilsuniversalität Jesu
Christi und der Kirche, Erklärung der Kongretaion für die
Glaubenslehrte, IV. Einzigkeit und Einheit der Kirche, Ziffer 16f,
6. August 2000
79 Hans Küng, Credo, Das Apostolische Glaubensbekenntnis -
Zeitgenossen erklärt, München 1995, S.182.
80 Hans Küng, Denkwege, Ein Lesebuch herausgegeben von Karl-Josef
Kuschel, München 1992, S. 121.

die Amtsträger im Vatikan anerkennen, dass nicht nur die römische Kirche, sondern auch die evangelischen Kirchen Katholizität beanspruchen können. Die in den vatikanischen Verlautbarungen erkennbare Abwertung anderer Kirchen wirkt zunehmend befremdend und wird überwiegend abgelehnt. Theologisches Argumentieren mit der Behauptung, zu wissen, was „nach Gottes Willen objektiv" Geltung hat, wird mehrheitlich kopfschüttelnd zur Kenntnis genommen.

Mögliche Folgen eines geänderten Verständnisses

Vermutlich ist vielen Gläubigen diese grundlegende Bedeutung von Katholizität nicht bekannt. Dennoch ist Betroffenheit und auch Verärgerung bei Angehörigen der Evangelischen Kirchen festzustellen, wenn römische Aussagen über alleingültige Ausformung des Christlich-Katholischen im Raum stehen. Dieser Anspruch hat bedauerlicherweise zahlreiche Narben in den Beziehungen zwischen den Kirchen hinterlassen.

Was könnte es bewirken, wenn sich das Bewusstsein von der gemeinsamen Katholizität aller Christen wieder verstärkt einstellen würde? Von der Einschränkung auf die römische Kirche und dem damit verbundenen Anspruch befreit, könnte Katholizität in ihrer umfassenden Bedeutung und mit ihrer Funktion als kritischer Maßstab für alles Christliche wieder erneut und verstärkt ins Bewusstsein treten. Das hätte ein verbindendes statt aus- und abgrenzendes Verständnis der Katholizität zur Folge.

Sogar in der Bezeichnung christlicher Kirchen könnte dies zukünftig vielleicht einmal zum Ausdruck kommen: Evangelisch-katholisch, lutherisch-katholisch, protestantisch-katholisch und auch, aber eben nicht mehr ausschließlich, römisch-katholisch. Das klingt gegenwärtig sicher noch sehr befremdend.

Im evangelischen Glaubensbekenntnis, wo von der christlichen oder allgemeinen Kirche die Rede ist, könnte auf dem Hintergrund dieses veränderten Verständnisses dann auch die so verstandene Katholizität wieder in den Sprachgebrauch gebracht werden. Dafür plädiert Wolfhart Pannenberg. „Mit der Einheit der Kirche gehört aufs engste ihre Allgemeinheit, ihre Katholizität zusammen. Dieses griechische Wort bedeutet Universalität, und zur Universalität der Kirche sollte sich auch der Protestant bekennen können. [...] In der altkirchlichen Bekenntnisbildung ist der bis ins zweite Jahrhundert zurückgehende Begriff der katholischen, universalen Kirche im vierten Jahrhundert aufgenommen worden. Man muß es bedauern, dass in den protestantischen Bekenntnisschriften des 16. Jahrhunderts dieses Prädikat der Kirche in den Übersetzungen des apostolischen und nicaenischen Bekenntnisses verdrängt und durch die Bezeichnung «christliche Kirche» ersetzt worden ist. In dieser Form werden die Bekenntnisse auch heute noch bei vielen Gottesdiensten gesprochen. Der Sache nach bedarf die Kirche als Maßstab ihres Selbstverständnisses jedoch heute mindestens in gleichem Maße wie in irgendwelchen früheren Zeitaltern über die ökumenische Einheit der Christen hinaus des universalen Ausblicks auf das Ganze der Menschheit, der der Versöhnungswille Gottes gilt." [81]

Auch auf die Unionsbestrebungen zwischen einzelnen Evangelischen Kirchen könnte solches Verständnis von Katholizität sich positiv auswirken.

Katholisch - verbindend statt trennend

Die Hinzufügung der Bezeichnung *katholisch* zur eigenen konfessionellen Namensgebung christlicher Kirchen würde die tiefe Verbundenheit miteinander betonen und ins Bewusstsein rücken.

---

81 Pannenberg, a. a. O. S. 153f.

Der streitbare Reformator Martin Luther verstand sich als katholisch, zum römischen Verständnis davon ging er allerdings auf Distanz. Im Nachhinein sagen Viele, dass das gut war und befreiend und bereichernd für das Christentum und seine Katholizität und weit darüber hinaus.

„Protestantisch bedeutet Vielfalt." Diese Aussage ist häufig zu hören. Vielfalt gilt nicht nur hinsichtlich der protestantischen Ausprägung des Christlichen, sondern auch hinsichtlich der Katholizität des Christentums. Vielfalt, Einheit in versöhnter Verschiedenheit, nicht Uniformität und Gleichschaltung müssen kennzeichnend sein für christliches Selbstverständnis.

Es ist bereichernd, dass christliche Katholizität unterschiedlich *vertont* vorliegt und nicht nur in *römischer Melodieführung* dargeboten wird.

weg

unterwegs
auf
dieser
pilgerroute
wird
jeder
einmal
weg
sein
unabhängig
von
planung
stempelheft
quartierbuchung
oder
anderer
vorbereitung
der
weg
ist
das
weg

netznachfolge

folge
mir
nach
welche
aufforderung
lebensverändernd
berufung
auslese
richtungsweisend
wie
anders
heute
followerkontingente
inflationär
hundertfach
tausendfach
millionenfach
unverbindlich
geklickt

verweihnachtet

jahresendzeitliche
brauchtumswelten
vertraute
lukrative
gefühlsheimaten
oft
melodienbegleitet
von
stiller-weihnachtsmarkt-nacht
im
hirten-engel-stall-design
mit
lametta-tannenbaum-krippen
oh
du
glühwein-fröhliche
kommerzzeit
und
dennoch
hintergründig
noch
spürbar
die
unverfremdbar
ermutigende
festbotschaft
fürchtet
euch
nicht

Glaubenssprache im Wandel

Sprache und Weltverständnis

„Sein, das verstanden werden kann, ist Sprache", formulierte der deutsche Philosoph Hans-Georg Gadamer. Erst die Sprache vermittelt einen verstandenen Zugang zur Welt, auch wenn der zunächst über das buchstäbliche *Begreifen* erfolgt. Aber erst wenn zu solch Begriffenem das Sprechen hinzukommt, kann es zum tieferen Verstehen der Welt kommen. Auch deshalb wohl warten Eltern so sehr auf das ersten Wort ihres Kindes. Das *Mama* und *Papa* fügt der schon bestehenden Beziehung eine vertiefende Bedeutung hinzu.

Unsere Sprache ist mehr als nur eine akustische Zutat zum bereits Wahrgenommenen. Jeder, der Sprachstörungen schon einmal begegnet ist, wird das bestätigen können. „Gedanken ohne Inhalt sind leer, Anschauungen ohne Begriffe sind blind", hat der Philosoph Immanuel Kant in seiner *Kritik der reinen Vernunft* dieses notwendige Zusammenspiel von Wahrnehmung und Sprache beschrieben. Weder das unbegriffene Schauen noch unanschauliche, abstrakte Begriffe allein erschließen uns die Welt. Unsere Erfahrung bestätigt das.

Wenn die Sprache beeinträchtigt wird, hat das auch Konsequenzen für den Zugriff auf die Wirklichkeit. Wenn religiöse Sprache fremd wird, religiösen Begriffen kein Lebenszusammenhang, keine Anschauung mehr zugeordnet werden kann, werden auch die Glaubensinhalte fremd. Die Botschaft wird dann zwar noch gehört, aber eben nicht mehr verstanden. Die Glaubenssprache ist gewissermaßen zu einer Fremdsprache geworden.

Religiöse Sprache

Es kommt nicht selten vor, dass die gebräuchliche Sprache der Glaubensverkündigung, kirchlicher Verlautbarungen oder religiöser Überlieferung solche Befremdung auslöst. Sprache kann ungleichzeitig werden. Die religiöse Sprache ist es für viele Menschen in unserer Gesellschaft geworden. Manche machen sich nur darüber lustig, wenn sie beispielsweise den *„Oh wie"* an der Krippe lachen lassen oder den *Heiligen Stuhl* als einzigen Heiligen mit vier Beinen verspotten.

Man kann darüber schmunzeln, aber eigentlich ist das damit verbundene Problem zu ernst dazu. Jeder, der sich schon einmal als zutiefst Angesprochener erlebt hat, kennt diese Erfahrung von Betroffenheit, die Sprache auslösen kann. Die biblischen Zeugnisse vermitteln den Eindruck, dass Jesus eine solche Sprache beherrschte. Bei ihm gab es offensichtlich wenig Verständigungsprobleme. Er konnte Menschen mit seiner Botschaft betroffen machen. Jesu Worte waren in vielen Fällen ausgesprochene Treffer, egal ob sie Zustimmung auslösten oder Ablehnung hervorriefen. Er beherrschte wohl die Fähigkeit, die Luther als *dem Volk aufs Maul schauen* beschrieben hat. Sie hat das Leben vieler Menschen verändert und geprägt.

Biblische Sprache

Manche prägenden biblischen Aussagen wurden besonders weitergegeben und haben sich bis in die Gegenwart erhalten. *Liebet eure Feinde! Wer ohne Sünde ist, werfe den ersten Stein! Niemand kann zwei Herren dienen. Liebe deinen Nächsten, wie dich selbst. Selig die Friedfertigen! Der Mensch lebt nicht allein vom Brot!* Diese Liste bekannter Bibelworte ließe sich noch fortsetzen. Die vom Evangelisten Matthäus wohl aus überlieferten Jesusworten gestaltete Bergpredigt wäre dafür eine besondere Fundgrube. Es gibt da noch viele entsprechende

Aussagen, die über Jahrhunderte bis heute eine erstaunliche Gleichzeitigkeit bewahren konnten.

Worte aus biblischen Texten können auch heute noch betroffen machen. Die biblische Botschaft hat weiterhin eine Wirkungsgeschichte. Sie wurde vertont und in Bildern veranschaulicht. Alltäglich ist sie in Losungen, Tauf- und Konfirmationssprüchen und auf viele andere Weise ins Leben eingebettet. Aber es besteht andererseits der Eindruck, dass das Verständnis der Glaubenssprache und die Bedeutung ihrer Aussagen sich auf einen zunehmend verkleinernden Bereich beschränkt. Vor allem in den so bezeichneten westlichen Industrieländern ist das zu beobachten.

Entfremdete Sprache

Eine tiefgreifende Entfremdung und Distanzierung hat diesbezüglich stattgefunden. Was man vielleicht einmal als eine Art religiöse Verkehrssprache bezeichnen konnte, ist für viele zur Fremdsprache geworden, zu einer Art Dialekt, der zunehmend ausstirbt. Die von den Kirchen und Glaubensbotschafterinnen und -botschaftern verbreitet gepflegte Verkündigungssprache hat daran sicher einen Anteil.

Andererseits gibt es wieder Beispiele dafür, dass die fremd gewordene Glaubenswelt mit ihrer Sprache, ihren Inhalten und Symbolen immer noch Zuspruch und Zulauf erfahren kann. Das ist häufig dann und dort der Fall, wo sowohl eine Sprach- als auch Bedeutungsübersetzung des Glaubens für die gegenwärtige Lebenssituation gelingt. Nach Katastrophen, einem Unglück, Attentat oder Terroranschlag ist beispielsweise zu beobachten, dass eine besondere Aufgeschlossenheit und Betroffenheit von Menschen und ein einfühlsames Bemühen um sprachliche und inhaltliche Übersetzung von Glaubensinhalten zu einer tragfähigen, tröstenden und gemeinschaftsbildenden Erfahrung führen kann. Das kann veranschaulichen, dass das bestehende

Sprachproblem in Glaubenssachen vor allem auch ein Übersetzungsproblem ist. Sprache ist etwas Lebendiges. Es genügt deshalb nicht, unverändert Wort- und Inhaltsmumien aus der Vergangenheit weiterzureichen. Denn Wandlung und Veränderung sind Lebenskriterien.

Sprachwandel

Der Frankfurter Pfarrer Lothar Zenetti hat das *Wandlungsproblem* mit einem entlarvenden Wortspiel einmal auf den Punkt gebracht. "Inkonsequent" hat er seine Zeilen überschrieben. „Frag 100 Katholiken: Was ist das Wichtigste an der Kirche? Und sie werden dir sagen: Die Messe. Frag 100 Katholiken: Was ist das Wichtigste an der Messe? Und sie werden dir sagen: Die Wandlung. Sag 100 Katholiken: Das Wichtigste an der Kirche ist die Wandlung. Und sie werden sich empört abwenden." [82]
Was Zenetti da seinen Katholiken vorhält, gilt sicher konfessionsübergreifend.

Wo aber Wandel und Neuorientierung zu einer Verlebendigung des Glaubens geführt haben, ist auch heute eine begeisternde und betroffen machende Begegnung mit der Glaubensbotschaft zu beobachten. Der ungebrochene Zustrom zum burgundischen Ort Taizé oder zu Kirchentagen kann das andeuten. Bewegende, aufrüttelnde, wegweisende, sinnstiftende Begegnungen mit dem Glauben geschehen dort, wo er in einer Sprache und in Formen vermittelt wird, die in der Zeit stehen. Solche Zeitgemäßheit kann zusätzlich provoziert werden durch die Konkurrenz anderer Heilsangebote und Lebensorientierungen, die auf diesem Gebiet oft mehr auf der Höhe der Zeit agieren.

---

82 Zenetti, a. a. O. S. 207.

Lebendige Sprache

Sprache lebt. Sie schafft Worte und verliert Worte. Die christliche Glaubenssprache kann sich diesem Prozess nicht entziehen. Es ist deshalb verfehlt, wenn sich Kirchen überwiegend auf überlieferten Sprachgebrauch beschränken, der aktuell keine Verwendung mehr hat und ohne Fachwissen für Menschen oft gar nicht mehr verständlich ist. Dass das Ringen um die Bewahrung und Erneuerung in einem lebendigen Veränderungsprozess nicht einfach ist, ändert nichts an seiner Notwendigkeit.

"Die Sprache des Glaubens ist, sofern sie im Ernst gesprochen wird, immer auch Lokalsprache, sie ist Dialekt, geprägt von den Fragen, auf die eine solche Sprache antwortet, geprägt von den Erfahrungen und Hoffnungen der Menschen, die sie sprechen. Man kann den Glauben nicht in Esperanto haben, in einer allgemeinen Hochsprache, die an allen Orten und zu allen Zeiten in gleicher Weise gilt. [...] Die Sprache des Glaubens verträgt keinen Zentralismus und keinen Universalismus." [83]

Es gibt inzwischen erfreulicherweise zahlreiche Versuche, überlieferte Sprache in Gegenwartssprache zu übertragen. Neue Lieder und Gebete sind ein Schritt: ebenso Jugendkreuzwege, Feierabendmahle, Taizé-Gottesdienste, eine *Bibel in gerechter Sprache*. Was recht zögerlich begonnen hat, nimmt mit unterschiedlichem konfessionellen Tempo anscheinend Fahrt auf. Gläubige buchstabieren neue Begriffe und lernen neue religiöse Dialekte, mit denen die alte Botschaft weitergetragen wird.

Das geschieht nicht immer konfliktfrei. Auf manche wirken die neuen Sprechweisen ebenso fremd, wie für andere die

---

83 Fulbert Steffensky, Wo der Glauben wohnen kann, Stuttgart 2008, S.112.

überlieferten Sprachformen. Das wird noch Geduld und gegenseitiges Verständnis erfordern. Aber dieser Weg muss weiter gegangen werden, damit Glaubenssprache als geprägtes Lebenswissen und gestalteter Lebensausdruck Gestalt annehmen kann .

Schon seit Jahren haben sich Menschen auch an ergänzenden Angeboten zum tradierten Glaubensbekenntnis versucht. Die bekannte Theologin Dorothee Sölle war eine der ersten und das bereits in den 60er Jahren des vergangenen Jahrhunderts. Sie war vielleicht nicht nur in diesem Punkt eine Vorreiterin für Veränderungen. Sprach-Aufbrüche sind für den Glauben notwendig. Sie sind die Form, die Wort- und Begriffsgefäße, in denen die Inhalte weitergereicht und angeboten werden können.

Es ist eine Tatsache, dass Institutionen einerseits stabilisieren, andererseits aber deshalb auch immer etwas Beharrendes und Unbewegliches an sich haben. Das scheint bei religiösen Institutionen besonders ausgeprägt zu sein. So singen Christen verbreitet von Gott: „Wie du warst vor aller Zeit, so bleibst Du in Ewigkeit", aber dieses Gottesbild trifft nicht zu auf den lebendigen, biblischen Gott, den „Ich werde sein, der ich sein werde," (2 Mose 3,14) oder in der Übersetzung Martin Bubers: „Ich werde dasein, als der ich dasein werde. [84]

Vielleicht sollte man beim Singen des obigen Liedes auch ruhig einmal an den Hinweis des englischen Schriftstellers Gerald Goulds denken: „Ewigkeit ist ein anderes Wort für Wechsel."

---

84 Bücher der Geschichte, verdeutscht von Martin Buber gemeinsam mit Franz Rosenzweig, Im Anfang, Stuttgart 1992, S. 158, 10. verbesserte Auflage der neubearbeiteten Ausgabe von 1954, Lizenzaufgabe für die Deutsche Bibelgesellschaft

Mit dem Damoklesschwert der Tradition versuchen manche Konservative, jeden Fortschrittstrieb am Überlieferungsbaum des Glaubens sofort abzutrennen. Deshalb dauert es oft lange, bis sich neue Sprechweisen und Formen durchsetzen können. Aber nur so ist gewährleistet, dass weiterhin das vermittelt werden kann, was überlieferte Worte, Bilder und Texte für heutige Menschen sonst oft nur noch verschlüsselt beinhalten.

Glaubenssprache im Aufbruch

Die dem Glauben innewohnende Sprachlebendigkeit hat Eberhard Jüngel im Hinblick auf das Reden von der Auferstehung Jesu einmal so beschrieben: „Gerade die Explosion der Sprache bringt neues Sein zur Sprache, das gar keine Worte finden könnte, ohne die überlieferte Sprachwelt sozusagen platzen zu lassen. In unserer Sprache arbeitet die Welt. Und durch unsere Sprache arbeiten wir an der Welt. Auch der Glaube spricht die Sprache der Welt. Aber er kann sie nicht sprechen, ohne sie zu verändern. Denn in der Sprache des Glaubens arbeitet das Ereignis der Auferstehung Jesu von den Toten. Dieses Ereignis verwehrt es der Sprache, sich auf Überlieferungen so zu fixieren, daß alles beim alten bleibt. Durch den Gebrauch, den der Glaube von der Sprache macht, arbeitet der Glaube seinerseits an der Welt. Und das verändert wiederum die Sprache, in der die bearbeitete Welt arbeitet. Es bleibt weder im Sein noch in der Sprache alles beim alten." [85]

Noch einmal: Das geflügelte Luther-Wort – *Dem Volk aufs Maul schauen* – kann dazu ermutigen, auch der Zeit aufs Maul zu schauen. Dann kann es gelingen mit Hilfe einer sich ständig verlebendigenden Sprache den Zugang zu tradierten Inhalten

---

85 Jüngel, Tod, Stuttgart 1971, S. 109f.

und Hoffnungen der Glaubens weiterhin zu ermöglichen. Experimentieren mit neuen religiösen Sprachformeln und Wortfindungen muss daher selbstverständlich sein.

Dabei geht es nie um Anpassung sondern um Entsprechung. Genau das haben zu ihrer Zeit vergangene Generationen in ihrer Sprache praktiziert. Diese Aufgabe besteht bis heute.

Auch alle aktuellen Bemühungen werden dabei immer nur vorläufige sein können. Wie hat Hoimar von Ditfurth die heutigen Menschen einmal so zutreffend bezeichnet? Sie sind die *Neandertaler der Zukunft* .

wortfresken

dem
textinhalt
der
lieder
längst
entfremdet
hört
er
die
vertrauten
melodien
darin
für
ihn
wie
auf
alten
gemäuern
anhaftend
freskenhaft
überdauernde
inhaltsreste
von
friede
hoffnung
leben
freude
sinn

wortwerdung

dass
das wort
fleisch wurde
ist
überlieferte
christliche
heilsbotschaft
wort
wird
fassbar
auch
umgekehrtes
ist
möglich
konretes wird wort
aus
hass
liebe
verachtung
wertschätzung
geschieht
wortwerdung
als
heils- und unheilsbotschaft
auch
dabei
gilt
am anfang
war
das wort

in pace

leben
führt
letztlich
immer
zur
ruhe
weil
einmal
jeder
atem
flacher
wird
kräfte
nachlassen
der
herzschlag
aussetzt
hoffnung
bleibt
dass
diese
ruhe
in
oft
beschworenen
frieden
mündet
requiescat
in
pace [86]

---

86 Josef Ising, Zeitlingstupfer auf dunkler Materie, Hamburg 2020,
Verlag Tredition, S. 97.

Gewaltig fromm

Gewaltverknüpfungen in der Vergangenheit

Wenn es um die Anwendung von Gewalt geht, haben bedauerlicherweise alle großen Religionen ihre Unschuld verloren. Diese Tatsache ist umfänglich und hinreichend in zahlreichen Veröffentlichungen dokumentiert, analysiert und kommentiert worden. Auch vom Christentum gibt es diesbezüglich nichts zu leugnen oder zu beschönigen. Lange und häufig wurde Gott für Heilige Kriege, Kreuzzüge, Tötung und Unterdrückung Andersgläubiger und vieles Andere mehr instrumentalisiert. Weit weg war diese religiöse Praxis von einer Umsetzung der so gerne und häufig zitierten biblischen Prophezeiung: „Da werden sie ihre Schwerter zu Pflugscharen machen und ihre Spieße zu Sicheln. Denn es wird kein Volk wider das andere das Schwert erheben, und sie werden hinfort nicht mehr lernen, Krieg zu führen." (Jes 2,4). Auch die Politik wusste Gott für kriegerische Zwecke zu vereinnahmen. „Gott mit uns" war auf den Koppelschlössern der Soldaten zu lesen.

Im Jahr 1926 lässt Kurt Tucholsky in einem fiktiven Gespräch mit Gott diesen abschließend, wie folgt, zu Wort kommen: „Beeilen Sie sich!." sagte Gottvater streng. „Ich habe nicht viel Zeit. Um zehn Uhr präsidiere ich drei Feldgottesdiensten: einem polnischen gegen die Deutschen, einem deutschen gegen die Polen und einem italienischen gegen alle anderen. Da muss ich bei meinen Völkern sein." [87]

---

87 Peter Panter – 1926 in: Kurt Tucholsky; Panter, Tiger & Co; Hamburg 1967, S. 229.

Sein bissiger Spott soll hier als einziger Kommentar zur Instrumentalisierung Gottes für die Rechtfertigung von Kampfhandlungen genügen.

Das Verhältnis von Religionen und Kirchen zur Gewalt zu hinterfragen ist angebracht, Hinweise darauf, das die Hinterfrager selbst nicht immer ohne Gewaltverstrickungen sind, ändert nichts daran. So hilft es nicht weiter, wenn beispielsweise der Grazer Theologe *Karl Veitschegger* anmerkt: „So verdiente z. B. der große Aufklärer und schonungslose Kirchenkritiker Voltaire († 1778) viel Geld am afrikanischen Sklavenhandel (er rechtfertigte dies mit der „Minderwertigkeit" der Schwarzen), im Blick auf die katholische Kirche meinte der Prediger der Toleranz: „Écrasez l'infâme!" („Zermalmt die Niederträchtige!") [88]

Gegenwärtige Gewaltverstrickungen

Sogenannte Gotteskrieger und gewalttätige religiöse Fanatiker sind leider auch in der Gegenwart ein Problem. Aktuell ist beispielsweise „Allahu akbar", „ Gott ist am größten", nicht nur eine wichtige islamische Bekenntnisformel, sondern wird auch als Kampfruf von Terroristen und Gewalttätern genutzt und ist deshalb gefürchtet. Kirchen und Religionen sind ebenfalls keine nur gewaltfreien Zonen. Zwänge und Gewaltanwendungen haben oft nur subtilere Formen angenommen.

Mittlerweile ist es überwiegend nicht mehr Praxis der Religionen, Gott oder Götter, heilige Texte oder andere religiöse Aufhänger zu instrumentalisieren. Mehrheitlich wird heute von den offiziellen Vertretern der Weltreligionen eine deutliche Ablehnung von Gewalt, Krieg, Unterdrückung vertreten, auch wenn das von den Mitgliedern nicht immer mitgetragen und praktiziert

---

88 vgl dazu: Karl Veitschegger (2008), Wäre eine Welt ohne Religion und Kirche besser? in: http://members.aon.at/veitschegger/artikel.htm

wird. Die islamistischen Kämpfer für einen Gottesstaat oder militante jüdische Siedler im Palästinensergebiet können dafür als aktuell hervorstechende Beispiele angeführt werden.

Gewalt zwischen religiösen Gruppen

Feindseligkeiten zwischen religiösen Gruppierungen sind gegenwärtig keinesfalls völlig überwunden. Es gibt in christlich geprägten Gesellschaften Aggressionen und Vorbehalte gegenüber Muslimen, das Umgekehrte ist der Fall in überwiegend muslimischen Ländern. Blutige Konflikte zwischen Muslimen und Hindus sind in Indien zu beobachten. Das Image des Buddhismus als gewaltfreie Religion ist beschädigt durch die Gewaltanwendung gegen muslimische Minderheiten in buddhistischen Ländern wie Sri Lanka und Burma.

Nicht unerwähnt bleiben darf auch die immer noch praktizierte Verfolgung und Bedrohung von Christen in einigen arabischen Staaten des nahen Ostens. Die Erwähnung der jüngsten Verfolgung der Jesiden durch den IS-Terror im Irak in einem Ausmaß, dass in den Medien sogar von einem Genozid gesprochen wurde, gehört ebenfalls in diesen Zusammenhang. Nein, es ist noch nicht völlig vorbei mit religiös begründeter Gewalt..

Kulturelle Verdienste

Es ist andererseits eine Tatsache, dass es eine gewaltfreie Grundeinstellung und Werteskala in den Religionen gibt, die die Praxis ihrer Vertreter und Mitglieder auch überwiegend bestimmt. Auf dem Boden der Religionen gediehen Gewaltfreiheit, Toleranz, Friede, Freiheit, Versöhnung, Nächstenliebe, Kultur und Wertschätzung von Leben in jeder Form. Die Erklärung der Menschenrechte ist geistesgeschichtlich zutiefst in der abendländisch, jüdisch-christlich geprägten Kultur verankert.

Selbst wenn man Heinrich Böll nicht in jedem Punkt zustimmt, ist doch bedenkenswert, was dieser, als ein äußerst kritischer Kirchenbegleiter, einmal geäußert hat: „Selbst die allerschlechteste christliche Welt würde ich der besten heidnischen vorziehen, weil es in einer christlichen Welt Raum gibt für die, denen keine heidnische Welt je Raum gab: für Krüppel und Kranke, Alte und Schwache, und mehr noch als Raum gab es für sie Liebe, für die, die der ... gottlosen Welt nutzlos erschienen und erscheinen... Ich empfehle es der Nachdenklichkeit und der Vorstellungskraft der Zeitgenossen, sich eine Welt vorzustellen, auf der es Christus nicht gegeben hätte." [89]

Gewaltverständnis in der Bibel

Die biblische Textsammlung, die einen Zeitraum von mehr als tausend Jahren umfasst, enthält sehr unterschiedliche Aussagen über Gewalt und Einstellungen dazu. Bekannt sind die alttestamentlichen Erzählungen vom oft kämpferischen Gott, der sein auserwähltes Volk zwar liebt, aber auch straft, züchtigt und der dessen Feinde bedroht oder sogar vernichtet. Die Geschichte vom Untergang des Pharaos und seine Heeres im Meer hat diese Vorstellung maßgebend mitgeprägt. Dass das Alte Testament auch von liebevollen und zärtlichen Seiten Gottes spricht, ist weniger bekannt. Andererseits schildert das Neuen Testament Jesus von Nazareth als jemanden, der überwiegend Vergebung, Gewaltlosigkeit und sogar Feindesliebe einfordert und praktiziert. Als besonders tragisch erscheint dabei, dass er selbst ein Opfer von Gewalt wird.

Als ein Hauptargument für die Ablehnung von Gewalt und Krieg dient oft der Hinweis auf die zehn Gebote. Es ist in diesem Zusammenhang interessant, was der jüdische Dozent Lieser Segal dazu äußert. „Für alle, die mit dem hebräischen

---

89 H. Böll, Eine Welt ohne Christus, in: K. Deschner (Hrsg.); Was halten Sie vom Christentum?, München 1957, S.22.

Originaltext der Bibel vertraut sind, herrscht kein Mangel an Gelegenheiten, Ungenauigkeiten und mißverständliche Ausdrücke in den von Nichtjuden verwendeten Übersetzungen zu beklagen. [...] Einer der ärgerlichsten Fälle war für mich immer die Übersetzung des Sechsten Gebotes: »Du sollst nicht töten«. In dieser Form wird das Zitat in den Dienst der unterschiedlichsten Anliegen gestellt: des Pazifismus, der Tierrechte, des Kampfs gegen Todesstrafe oder Abtreibung.

Gewiß ist »töten« auf deutsch ein umfassendes Verb, das alle Arten, jemanden ums Leben zu bringen, beinhaltet und für alle Arten von Opfern gilt. Diese allgemeine Bedeutung wird im Hebräischen durch das Verb »harag« ausgedrückt. Das Verb jedoch, das in der Tora für das Gebot verwendet wird, ist ein ganz anderes, nämlich »ratsah«, das mit »morden« übersetzt werden sollte. Diese Wurzel bezieht sich nur auf verbrecherische Tötungshandlungen.

Selbstverständlich ist es nicht bloß eine Frage der Etymologie. Alle Ideologien, die das Gebot für ihre menschenfreundlichen Anliegen ins Feld führen, sehen sich gezwungen, alle jene Stellen in der Bibel zu ignorieren, die den Krieg, das Schlachten von Opfertieren und eine ganze Reihe von Methoden, die Todesstrafe zu vollstrecken, entschuldigen oder gar gebieten." [90]

Unter Verweis darauf, dass bezüglich der Übersetzungs-möglichkeiten auch unter jüdischen Gelehrten keine Einigkeit herrscht räumt Segal später ein, das es sich bei der Übersetzung „Du sollst nicht töten" im Hinblick auf den weiten Bedeutungsumfang der hebräischen Sprachwurzel auch durchaus um „eine legitime Entscheidung" handeln kann.

---

90 https://www.juedische-allgemeine.de/allgemein/du-sollst-nicht-morden/

Unumstritten ist, dass Töten im alttestamentlichen Gesetz für manche Gesetzesübertretungen gefordert wird. Deshalb war das Verhalten Jesu in den Augen frommer Juden zu Recht als todeswürdig zu beurteilen.

Persönliche Entscheidungsspielräume

Heute ist es die überwiegende Überzeugung von christlichen Theologen und Gläubigen, dass Töten anderer Menschen und Gewaltanwendung gegenüber Anderen sich nicht auf die neutestamentliche Botschaft berufen können. Andererseits bietet diese Botschaft aber auch keine konkreten Handlungsanweisungen für die Bewältigung heutiger Probleme. Es ist daher sehr wohl möglich, dass Gläubige, unter Berufung auf ihr Gewissen, sich sowohl für als auch gegen den Wehrdienst entscheiden können. Es waren auch Christen, die aufgrund ihrer Verantwortung und Gewissensentscheidung im Widerstand gegen Adolf Hitler bereit waren, den Tyrannen zu töten. Auch der heute überwiegend geschätzte Theologe Dietrich Bonhoeffer war in den eigenen kirchlichen Kreisen wegen seines Engagements im Widerstand keineswegs unumstritten.

Die Einstellung zur Gewalt ist jedoch nicht nur abhängig von einer persönlichen Gewissensentscheidungen, sondern auch vom eigenen Gewaltverständnis, das mitunter unreflektiert ist. Dazu im Folgenden einige Anmerkungen.

Plädoyer für ein weit gefasstes Gewaltverständnis

Nicht nur Krimiserien oder Western arbeiten mit einem verbreiteten unterschwelligen Gefühl, das in Menschen vorhanden ist. Wenn die Guten sich am Ende durchsetzen und die Bösen auf der Strecke bleiben, stellt sich meist allgemeines Wohlgefühl ein, auch dann, wenn sich diese Durchsetzung mit Gewalt vollzieht und sogar mit dem Tod der Bösen endet. Ende gut, alles gut. Enttäuschung, Unzufriedenheit oder Zorn kommen dagegen auf, wenn es für die Vertreter des Guten am Ende nicht auch gut ausgehen sollte. Die Märchen spielen ebenfalls mit diesem Grundgefühl. Das weist darauf hin, dass Menschen unbewusst zwischen guter und schlechter Gewalt unterscheiden. So grundsätzlich, wie oft angenommen wird, scheint also eine grundsätzliche Ablehnung von Gewalt gar nicht zu bestehen. Gewalt gegen Böses und Böse wird verbreitet akzeptiert.

Deshalb soll jetzt näher bedacht werden, was unter Gewalt verstanden werden kann. In einer Veröffentlichung zur Friedenserziehung findet sich dazu die folgende Beschreibung: "Gewalt liegt dann vor, wenn Menschen so beeinflusst werden, dass ihre aktuelle körperliche und geistige Verwirklichung geringer ist als ihre potentielle Verwirklichung. Diese Aussage macht deutlich, warum wir den eng gefassten Begriff von Gewalt ablehnen demzufolge Gewalt eine bloße physische Beschädigung oder ein Angriff auf Leib und Leben ist. [...] Gewalt wird [...] definiert als die Ursache für den Unterschied zwischen dem Potentiellen und dem Aktuellen, zwischen dem, was hätte sei können und dem, was ist. Gewalt ist das, was den Abstand zwischen dem Aktuellen und Potentiellen vergrößert oder die Verringerung dieses Abstandes erschwert.

Wenn das Aktuelle nicht vermeidbar ist, liegt keine Gewalt vor. Eine Lebenserwartung von nur dreißig Jahren war in der Steinzeit kein Ausdruck von Gewalt, aber dieselbe Lebenserwartung heute (ob auf Grund von Kriegen, sozialer Ungerechtigkeit oder beidem) wäre nach unserer Definition als Gewalt zu bezeichnen. " [91]

---

[91] Das vollständige Zitat steht bei: Rolf Lehmann (Hrsg.): Erziehung zum Frieden, Evangelischer Gemeindedienst für Württemberg, Stuttgart , S. 80f. Hier zitiert nach : Klaus Engelhart, (Hrsg.): Sozialkunde für de Oberstufe des Gymnasiums, Paderborn 1997, S. 366f.

Formen versteckter Gewalt

Ein solcher weit gefasster Gewaltbegriff fordert verstärkt eine Kultur der Behutsamkeit. Wenn jede unnötige Verhinderung von Lebensmöglichkeiten als Gewaltanwendung eingestuft würde, könnte unter dieser neuen Perspektive deutlich werden, wie sehr menschlicher Alltag von Gewalt durchdrungen und geprägt werden kann, auch ohne dass Waffen oder anderes Martialische dabei ins Spiel kommen. Diese subtile Form der Gewalt wird nur oft nicht als solche registriert, aber sie wird so empfunden und sie verletzt. Es geht dann nicht mehr nur darum, auf Atombewaffnung, Rüstungskonzerne, Amokläufer, Raser im Straßenverkehr oder ähnlich Auffälliges zu verweisen. Plötzlich rückt – ohne Öffentlichkeit – ganz Naheliegendes, Alltägliches in den Blick, was unmittelbar betrifft. Alltagsgeschehen kann so auf eine neue Weise fragwürdig werden.

Ein weit gefasster Gewaltbegriff führt zu verstärkter Wachsamkeit gegenüber gesellschaftlichen, politischen und religiösen Verhaltensweisen. Auch das eigene persönliche Verhalten kann so aus veränderter Perspektive in den Blick genommen werden. Unvermutet kann dabei zum Vorschein kommen, dass auch eine auf den ersten Blick rechtlich geordnete, überwiegend unbewaffnete Gesellschaft keineswegs eine Garantie für einen gewaltfreien Lebensbereich bedeutet. Die vielfältigen, vielschichtigen und oft untergründigen alltäglichen Formen der Gewalt, Verletzungen und Inhumanität in vielen Lebensbereichen könnten erkannt werden.

Im Sinn des erweiterten Gewaltverständnisses gibt es erst dann ein gewaltfreies Zusammenleben, das diese Bezeichnung zu Recht verdient, wenn jede unnötige Einschränkung potentieller Lebensverwirklichung vermieden wird.

Es ist angebracht auch, religiöse Verhaltensweisen und kirchliche Gesetzgebungen und Regulierungen unter dem Aspekt dieses erweiterten Gewaltbegriffs zu untersuchen. Nicht nur von außen betrachtet werden diese häufig eher als einengend denn befreiend für Selbstverwirklichung der Menschen wahrgenommen und eingeschätzt. „Was nicht frei macht, ist auch nicht wahr," hat der bekannte Theologe Eberhard Jüngel einmal pointiert formuliert.

Kirchliches Engagement

Von Seiten der Kirchen gibt es zahlreiche institutionelle Bemühungen, auf dem Weg der Gewaltlosigkeit und dem Weg zum Frieden voran zu kommen. Als ein Beispiel von vielen kann auf die Initiative des Ökumenischen Rates der Kirchen, die *Dekade zur Überwindung von Gewalt: Kirchen für Frieden und Versöhnung 2001 - 2010* (DOV) verwiesen werden. Ein Ziel der Bemühungen wird wie folgt formuliert: „Die Dekade zur Überwindung von Gewalt hebt Bemühungen um die Überwindung unterschiedlicher Formen der Gewalt von Seiten der Kirchen, ökumenischen Organisationen und zivilgesellschaftlichen Bewegungen hervor und verknüpft sie miteinander. Sie versucht herauszufinden, wo Berührungs-punkte mit den Zielen, den Programmen und der Konzeption der UN-Dekade für eine Kultur des Friedens und der Gewaltlosigkeit für die Kinder der Welt (2001-2010) bestehen." [92] Solches Engagement ist notwendig, sinnvoll und aller Unterstützung wert.

Über institutionelles Engagement hinaus gibt es viele Möglichkeiten zur Verhinderung oder zum Abbau von Gewalt. Alle können einen Beitrag leisten. Das eigene Verhalten schränkt manchmal unnötig die Lebensmöglichkeiten Anderer ein. Kirchengemeinden tut eine diesbezügliche Besinnung ebenfalls gut.

---

92 http://www.gewaltueberwinden.org/de/dekade-zur-ueberwindung-von-gewalt.html

Selbst da kann man *gewaltig fromm* unterwegs sein. Anlässe für Nachdenken, Umdenken, Gespräche, Engagement und Korrekturen gibt es sicher zahlreiche. Und in jeder Einsicht liegt ja auch die Möglichkeit für den Beginn einer Veränderung. „Sei du selbst die Veränderung, die du dir wünschst für diese Welt," hat Mahatma Gandhi einmal gesagt. Das gilt auch für die Gestaltung der Welt auf dem Weg in eine gewaltfreie Zukunft.

„Was ist Gewalt anders, als Vernunft, die verzweifelt?", hat Ortega y Gasset einmal geäußert. Wenn das zutrifft, ist der Umgang mit Gewalt eine der größten Anfragen an die Berechtigung, den Menschen als *Homo sapiens* zu bezeichnen, also als vernünftiges, weises, kluges, verständnisvolles Wesen.

adventdunkel

nicht
jeder
advent
ist
willkommen
es
gibt
auch
diese
ankünfte
ohne
lichterkranzerwartung
unerwartete
unerwünschte
verdunkelnde
die
alles
licht
eher
zum
verlöschen
bringen
können

ewigkeitssonntag

lange
namenslisten
von
verstorbenen
an
totensonntagen
verlesen
und
befremdlich
manchmal
die
behaupteten
jeseitsgewissheiten
von
verkündern
deren
worte
so
nur
wie
in
einem
fernen
leuchten
verglühen
vor
möglichem
trost

gebetfrage

nicht
das
scheint
die
auschlaggebende
frage
zu
sein
ob
beten
hilft
sondern
ob
existierendes
allein
in
materieller
zufälligkeit
begründet
ist
oder
auf
einen
anderen
sogar
ansprechbaren
ursprung
hinweist [93]

---

93 Josef Ising, von Auslese bis Zeitsprung, Hamburg 2020, Verlag Tredition, S. 119.

Jesus-Prälaten und andere Versuchungen

Titel machen Leute

„Titel sind tiefe Gräben um die Festung Mensch", hat der Schriftsteller Hans Arndt pointiert formuliert. Kaum überbietbar an Treffsicherheit hat Carl Zuckmayer in der Gestalt seines Hauptmanns von Köpenick die Kraft solcher Titelfestung humorvoll und zugleich feinfühlig aufgezeigt. Heinz Rühmanns Paraderolle in der Verfilmung und sein Refrain: „Na also, geht doch!" wird vielen bekannt sein. Nicht nur im alten Preussen, auch heute noch kommt man mit einem Titel manchmal schneller zum Ziel. Auch in den Kirchen?

„Die große Glocke wird nur geläutet bei Feuer, wenn der Bischof kommt oder sonst ein Unglück passiert", zitiert ein Witz einen Kirchendiener. Es ist schon Wahres daran, wenn religiöse Titelfestungen auf der Tagesordnung stehen, ist die große Glocke meist auch in Aktion.

Titel und Insignien sind in Religionen und Konfessionen unterschiedlich ausgeprägt. Die damit oft verbundenen Würde-Gewandungen sind oft durchaus beachtlich und der Haute Couture näher als der Prêt-à-porter Kleidermode. Die Amtsträger vieler Religionen sind oft reich damit ausgestattet.

Das gilt auch für die späteren Jünger Jesu. Mit der Person Jesu selbst sind solche Ehrenbezeichnungen nicht vorstellbar: *Ihre Eminenz* Jesus von Nazareth, *Ihre Heiligkeit* oder gar *Heiliger Vater*.

Kirchliches Titelangebot

Wer in eine Aufzählung religiöser Amts- und Funktionsbe-
zeichnungen schaut, findet ein reichhaltiges Angebot. Um der
Überschaubarkeit willen bleiben folgende Beispiele auf die
evangelische und römisch-katholische Kirche beschränkt. Andere Konfessionen und Religionen böten dazu weiteres Anschauungsmaterial.

Hier also eine kleine Blattauswahl aus diesem christlichen
Titelquartett: *Pastor, Domkapitular, Landessuperintendent,
Bischof, Oberkirchenrat, Dompräbendat, Presbyter, Diakon,
Kirchenpräsident, Generalvikar, Präses, Erzbischof, Ältester,
Kardinal , Metropolit, Propst, Dekan, Oberkonsistorialrat,
Prälat, Monsignore* um nur einige zu nennen.

Titel und Macht

Ist diese Titelflut im religiösen Bereich sinnvoll, notwendig,
angemessen? Solche Titel sind ja nicht einfach Schall und Rauch.
Damit sind auch Einfluss und Macht verbunden und sie können
sich auch auf das Gehalt der Titelträger auswirken. Der alte
Sinnspruch: Ubi pecunia, ibi ecclesia, „Wo das Geld, da die
Kirche", kommt nicht von ungefähr. Macht und Geld sind in
vielen Kirchen und Religionen beheimatet. Das hängt zusammen mit einer Struktur von Religion, die in Wikipedia so
beschrieben wird: „Viele Religionen sind hierarchisch aufgebaut.
In der römisch-katholischen Kirche und in einigen Richtungen
des Buddhismus ist die hierarchische Ordnung besonders
ausgeprägt. Meist sinkt mit zunehmender Macht die Anzahl der
Personen, die diesen Titel tragen. Hierarchisch aufgebaute
Religionen verfügen also über einen obersten Führer und
zahlreiche niedere Amtsträger in den Gemeinden." [94]

---

94 https://de.wikipedia.org/wiki/Liste_religiöser_Amts-
   _und_Funktionsbezeichnungen

Die Verehrung, die dem so bezeichneten "Heiligen Vater" im Vatikan oder "Seiner Heiligkeit der Dalai Lama" von manchen Menschen entgegengebracht wird, können Auswirkung einer Top-Platzierung in der Hierarchie veranschaulichen. Auch entsprechende Einschaltquoten können das widerspiegeln.

Der bescheidene Anfang

Die Hierarchie, die sich im Lauf der Zeit herausbildete und die damit verbundene Titelpyramide hatten einen Anfang, der sich aus dem Mund Jesu im Matthäus-Evangelium so anhört: „Ihr aber sollt euch nicht Rabbi nennen lassen; denn nur einer ist euer Meister, ihr alle aber seid Brüder. Auch sollt ihr niemanden auf Erden euren Vater nennen; denn nur einer ist euer Vater, der im Himmel. Auch sollt ihr euch nicht Lehrer nennen lassen; denn nur einer ist euer Lehrer, Christus. Der Größte von euch soll euer Diener sein. Denn wer sich selbst erhöht, wird erniedrigt, und wer sich selbst erniedrigt, wird erhöht werden" (Mt 23, 8ff).

In der Darstellung des Evangelisten geht dieser Aufforderung eine scharfe Kritik am Verhalten der jüdischen Repräsentanten voraus. „Auf dem Stuhl des Mose sitzen die Schriftgelehrten und die Pharisäer. Tut und befolgt also alles, was sie euch sagen, aber richtet euch nicht nach ihren Taten; denn sie reden nur, tun es aber nicht. Sie schnüren schwere und unerträgliche Lasten zusammen und legen sie den Menschen auf die Schultern, selber aber wollen sie keinen Finger rühren, um die Lasten zu bewegen. Alles, was sie tun, tun sie, um von den Menschen gesehen zu werden: Sie machen ihre Gebetsriemen breit und die Quasten an ihren Gewändern lang, sie lieben den Ehrenplatz bei den Gastmählern und die Ehrensitze in den Synagogen und wenn man sie auf den Marktplätzen grüßt und die Leute sie Rabbi nennen" (Mt 23,2ff).

Mancher dieser Aussage wären übertragbar wäre auf die gegenwärtige Hochwürden-Ebene in christlichen Landen. Der ehemalige Bischof von Limburg, Franz-Peter Tebartz-van Elst, der als verschwenderischer Skandal-Bischof seinerzeit Schlagzeilen machte, könnte da etwa genannt werden. Die Kirchengeschichte hat diesbezüglich eine Fülle anderer Beispiele aufzuweisen.

Irrwege der Vergangenheit

„Die römische Kirche hatte sich schon seit dem 11. Jahrhundert mehr und mehr zur "Klerikerkirche" (Erich Hassinger) entwickelt, unter konsequenter Abdrängung der "Laien", also des Kirchenvolks. Klerikerkirche und Papstkirche: denn der Papst hatte seine Stellung in der Hierarchie auf Kosten der bischöflichen und der synodalen Kompetenzen ausgebaut, hatte schließlich eine Herrschaft inne, die fast absolut anmuten kann, noch nicht absolutistisch, der Terminus soll eine andere Epoche charakterisieren. Und doch – so, wie der Absolutist Ludwig XIV. einmal erklären wird, er selbst sei der Staat ("L'Etat, c'est moi"), so sprach einer der Herolde der päpstlichen Machtvollkommenheit, Aegidius Romanus, im frühen 14. Jahrhundert vom "Papa ..., qui potest dici Ecclesia": vom Papst, von dem man auch sagen könne, er sei die Kirche. [...]

Deutschlands Domherren (wie Kardinäle den Papst, wählten Domherren den Bischof) entstammten dem jeweiligen regionalen Adel. Die feineren Kreise versorgten dort ihre (nicht erbberechtigten) nachgeborenen Söhne, nach einem geflügelten Wort der Zeit waren diese Domkapitel "Spitäler des Adels". Wer geschickt war, sicherte sich gleich mehrere gemütliche Versorgungspöstchen ("Pfründen-Kumulation") – was umso mehr aufreizen musste, als Bettelmönche das Ideal der armen Kirche beschworen. Man darf ohne Übertreibung sagen, dass es am

Vorabend der Reformation keinen einzigen populären Fürstbischof in Deutschland gegeben hat, keinen einzigen mit nennenswerter geistlicher Autorität." [95]
Dieser kurze Ausschnitt eines Internetbeitrags der Bundeszentrale für politische Bildung soll hier als kurze Problembeschreibung genügen.

Kritische Anfragen

„Wer mit Hunden ins Bett geht, wacht mit Flöhen wieder auf," warnt ein Sprichwort. Könnte man ähnlich formulieren, dass, wer mit Titeln und Würden ins Bett geht, mit Versuchungen wie Machtmissbrauch, Geltungssucht und Abgehobenheit wieder aufwacht?

Es geht hier nicht darum, sämtliche geistlichen Würdenträger unter einen Generalverdacht zu stellen. Mit den oben angesprochenen Titeln sind auch Namen verbunden, die für ein überzeugendes Beispiel von menschlicher Größe, Einsatz und Mut stehen und deshalb im Gedächtnis der Menschen verbleiben werden. Einige Namen solcher Titelträger aus der jüngeren Vergangenheit können dafür stehen: Clemens August Graf von Galen, Albert Schweizer, Dietrich Bonhoeffer, Kardinal Jean-Marie Lustiger Martin Niemöller, Johannes XXIII, Friedrich von Bodelschwingh, Oscar Romero.

Dennoch muss die bestehende Titelpraxis der Kirchen hinterfragt werden. „Wenn die Kirche in der Nachfolge Christi die Gottesherrschaft als eine rein religiöse Herrschaft verkündet, dann bedeutet dies als Imperativ für sie selbst:
Sie kann sich [...] nie und nimmer als eine religiös-politische Theokratie aufführen. Ihre Bestimmung ist die geistliche Diakonie. Statt ein Imperium geistlich-ungeistlicher Macht aufzu-

---

95 https://www.bpb.de/geschichte/deutsche-geschichte/reformation/235044/kirche-im-ausgehenden-mittelalter

richten, ist ihr die Gnade gegeben, Ministerium in Knechtsgestalt zu sein: Gottesdienst als Menschendienst und Menschendienst als Gottesdienst. Wie könnte sie dann [...] je zu den Methoden weltlicher Machtergreifung und Machtdurchsetzung, politischer Strategie und Intrige Zuflucht nehmen? Wie könnte sie weltlichen Glanz und Prunk ausstrahlen, wie Ehrenplätze zur Rechten und zur Linken verteilen, wie weltliche Würdetitel und Auszeichnungen vergeben wollen? Wie könnte sie die Güter dieser Welt, Geld und Gold, über das Notwendige hinaus horten wollen? Wie könnte sie sich mit den Mächtigen dieser Welt verquicken [...] ?" [96]

Auf dem Hintergrund solcher Aussagen besteht genügend Anlass, die angesprochene Hierarchie-Struktur zu überdenken.

Kleriker und Laien

Ein weiterer Gesichtspunkt soll noch angesprochen werden. Die Titel- und Ämterpraxis der Kirchen kann zu ungerechtfertigten Differenzierungen und Rangunterschieden unter den Gläubigen führen, was in manchen Kirchen mit der gängigen Unterscheidung von Klerikern und Laien einhergeht. Das war im Christentum nicht immer so. „Erst seit dem 3. Jahrhundert stellt man eine Unterscheidung zwischen *Klerikern* und *Laien* fest." [97]

Während dieser Unterschied in der römisch-katholischen Kirche weiter vertreten und praktiziert wird, haben die Protestantischen Kirchen die damit gegebene Ungleichheit der Glaubenden durch ihre synodale Kirchenstruktur überwunden. Ein Oben-Unten-Denken innerhalb der Kirche ist der Verfassung der Evangelisch-reformierten Kirche fremd. Entsprechend ist auch das in anderen Kirchen teilweise bestehende Machtgefälle zwischen Amtsträgern und Gemeindemitgliedern eingeebnet. „

---

96 Hans Küng, Was ist Kirche, Freiburg im Breisgau 1967, S. 75.
97 Küng, a. a. O. S. 84.

Nicht in erster Linie die Hierarchie der Bischöfe und sonstigen Amtsträger bildet die Kirche, sondern die Kirche hat ihr Schwergewicht darin, Versammlung aller Gläubigen zu sein. Das allgemeine Priestertum der Gläubigen ist ihre Basis." [98]

Gewiss muss es in jeder Kirche unterschiedliche Funktionen geben. Die Aufgaben, Verpflichtungen und Dienste sind vielfältig; ebenso wie die Begabungen und Charismen der Gläubigen. Von Bedeutung ist dabei, dass immer gilt: „Der Christ soll [...] sein Charisma nicht als Waffe gebrauchen, um sich Positionen und Macht in der Kirche zu erobern, sondern als Gabe für den Dienst an den Anderen und am Ganzen." [99]
Ob das in den Titulierungen und manchmal auch dem Verhalten der Amtsträgerinnen und Amtsträger immer so deutlich wird, darf bezweifelt werden.

Die römisch-katholische Kirche hat in ihrer Gründonnerstagsliturgie die Fußwaschung eingebettet und erinnert so an die den Menschen dienende Grundhaltung Jesu. Was in solcher Kulthandlung verdeutlicht und vollzogen wird, muss auch außerhalb der Liturgie greifbar und sichtbar werden. Und da genügt es nicht, wenn „einmal im Jahr der Herr das Geschirr spült", wie eine kritische Stimme diese jährliche Praxis der Fußwaschung einmal kommentiert hat.

Gerangel um die ersten Plätze

„Name ist Schall und Rauch", lässt Goethe seinen Faust sagen. Das kann auch für Titel zutreffen, muss es aber nicht, wenn ein Titel verdeutlicht, welche geistliche Aufgabe für den damit Bezeichneten verbunden ist. Bei einem Pastor (*Hirt*)Niemöller oder

---

98 Wolfhart Pannenberg, Das Glaubensbekenntnis ausgelegt und verantwortet vor den Fragen der Gegenwart, Hamburg 1972, S. 158.
99 Küng a. a. O. 103.

Frère (*Bruder*) Roger Schütz ist das eher der Fall als bei zahlreichen anderen bei Titeln kirchlicher Amtsträger.

In diesem Zusammenhang bleibt in jedem Fall wichtig, dass kirchliche Titelträger beim oft üblichen gesellschaftlichen Gerangel um vorderen Plätz, Privilegien und Vergünstigungen nicht vorrangig beteiligt sind. Dabei kann die Vater-unser-Bitte „führe uns nicht in Versuchung" mitunter sehr konkret werden. Friedrich Nietzsche merkte zutreffend an: „Die Menschen drängen sich zum Lichte, nicht um besser zu sehen, sondern um besser zu glänzen." Diese Versuchung begleitet Menschen und wohl kaum jemand ist davon gänzlich ausgenommen. Bereits das Lukas-Evangelium lässt Jesus selbst diesbezügliche Empfehlungen aussprechen. Ob Lukas, der aus einem zeitlichen Abstand von etwa einem halben Jahrhundert zum Leben Jesu schreibt, dabei auch entsprechende Tendenzen in seinen Gemeinden mit im Blick hatte, sei einmal dahingestellt.

„Als er [Jesus] bemerkte, wie sich die Gäste die Ehrenplätze aussuchten, erzählte er ihnen ein Gleichnis. Er sagte zu ihnen: Wenn du von jemandem zu einer Hochzeit eingeladen bist, nimm nicht den Ehrenplatz ein! Denn es könnte ein anderer von ihm eingeladen sein, der vornehmer ist als du, und dann würde der Gastgeber, der dich und ihn eingeladen hat, kommen und zu dir sagen: Mach diesem hier Platz! Du aber wärst beschämt und müsstest den untersten Platz einnehmen. Vielmehr, wenn du eingeladen bist, geh hin und nimm den untersten Platz ein, damit dein Gastgeber zu dir kommt und sagt: Mein Freund, rück weiter hinauf! Das wird für dich eine Ehre sein vor allen anderen Gästen. Denn wer sich selbst erhöht, wird erniedrigt, und wer sich selbst erniedrigt, wird erhöht werden." (Lk 14, 7-11)

Abshließend das mutige Statement eines katholischen Priesters aus dem Erzbistum Köln: „Ein struktureller Machtverzicht der

Kirche verhindert oder wenigstens vermindert (Macht-) Missbrauch, der dann nicht mehr als ihrem Wesen zugehörig identifiziert werden könnte. Er schafft das in unserer Gesellschaft bürokratisch ausgeuferte "Berufschristentum" der "bezahlten Knechte" (Joh 10,12) jeglicher Couleur weitgehend ab und befähigt wie ermuntert stattdessen die Christinnen und Christen, selber vor Ort ihren Glauben zu leben und ihren Nächsten zu dienen. [...] Eine freiwillige Selbst-Entmachtung der Kirche wird schon von sich aus zum Abbau von Klerikalismus, der ideologischen Trennung des Gottesvolkes in "omnipotente" Amtsträger und "unmündige" Gläubige, beitragen, insofern das Feld für Geldgierige und Geltungssüchtige, Bequeme, Ehrgeizlinge und Karrieristen unattraktiv würde. [...] Ziel sollte es stattdessen sein, dass die Kirche, wie in ihrer Ursprungszeit, zu einem umfassenden globalen, wie regionalen und lokalen "Netzwerk der Agape" wird, das sich am Vorbild des armen und machtlosen Jesus von Nazareth orientiert." [100]

---

100 https://www.katholisch.de/artikel/24237-nur-ein-verzicht-der-kirche-auf-alle-machtstrukturen-wird-heilsam-sein

ausgeglaubt

die
gottesbilder
zerbrochen
die
gottesdienste
entleert
die
gotteshäuser
entfremdet
andachtshülsen
noch
im
ohr
gutmeinende
melodien
von
liebe
leid
sinn
verklingen
im
gewölbe
als
erinnungen
an
eine
verblichene
vertrautheit [101]

---

101 Josef Ising, zersplittert ganz / Nachdenklichkeiten – Gedichte – Verdichtungen, Offenbach (Frankfurter Literaturverlag) 2018, S. 13.

versprechungen

eine perle
sei
in der mitte
zu
finden
verspricht
der
prediger
und
wirbt
für den eintritt
ins
labyrinth
hat
er
denn
übersehen
die
hinweise
am
eingang
vorsicht
sackgasse
einbahnstraße [102]

---

102 Josef Ising, a. a. O. S. 26.

verstaubt

verstaubte
liturgie
staub
bist
du
und
zum
staub
kehrst
du
zurück
sternenstaub
denkt
man
heute
aber
unverändert
verstaubtes
leben
bleibt [103]

---

103 Josef Ising, a. a. O. S. 123.

Zum Ausklang

vertrauensbekenntnis

darauf vertrauen
dass
allein
GOTT
hinter allem steht
was existiert
und
sich
jedem menschen
zuwendet
mit
unzerstörbarer liebe

darauf vertrauen
dass
GOTT
sich
solidarisierte
mit
dem sohn
der maria und des josef
diesem
JESUS VON NAZARETH
den
nichts
davon abhalten konnte
sein leben

im vertrauen
auf
den
alle menschen
bedingungslos
liebenden
GOTT
zu gestalten
und
durchzustehen
gegen
alle anfeindungen
bis
zu seiner
hinrichtung am kreuz
und
den
GOTT
deshalb
bestätigend
aus dem tod
auferweckte
in
seine lebendigkeit
hinein
auch
als hoffnung
für alle
dass
ER
einmal
endgültig
alles
unrecht

leid
und
versagen
liebevoll
zurichten wird

darauf vertrauen
dass
im
GEIST GOTTES
friede und heil
entstehen
können
ein
umfassendes
versöhntes
miteinander
von
mensch und natur
lebenden und verstorbenen
zu
einer
in
GOTTES LIEBE
geretteten
zukunft

Autor

Josef Ising, Jg. 1949, Studium der Philosophie und Theologie in Mainz und Münster in Westfalen. Von 1974 bis 2010 Dienst an unterschiedlichen Schulen und Unterricht in den Fächern Religion, Ethik und Philosophie. Langjährige Tätigkeit in der Lehrerfortbildung und Erwachsenenbildung. Seit der Pensionierung im Jahr 2014 als freier Schriftsteller tätig.